한림신서 일본학총서 98

조선통신사

에도 일본의 성신 외교

CHOSEN TSUSHINSHI
By Hiroshi Nakao

First published 2007 by Iwanami Shoten, Publishers, Tokyo.
This Korean edition Published 2012
by Institute of Japanese Studies, Hallym University, Chuncheon
by arrangement with the proprietor c/o Iwanami Shoten, Publishers, Tokyo.

조선통신사

에도 일본의 성신 외교

나카오 히로시 지음 | 손승철 옮김

小花

하네카와 도에이(羽川藤永), 「조선통신사래조도(朝鮮通信使來朝圖)」, 개인 소장. 에도 니혼바시(日本橋) 거리를 지나 숙소인 아사쿠사 히가시혼간지(淺草 東本願寺)로 향하는 통신사 행렬.

가쓰시카 호쿠사이(葛飾北斎), 「도카이도53차 유이(東海道五十三次 由井)」, 개인 소장, 신기수컬렉션. 세이켄지(清見寺)의 승려로 보이는 인물이 먹을 갈고 통신사 수행원이 글을 쓰고 있다(교토문화박물관 사진 제공).

시타카와라 인형(下川原人形), 히로시마현 구레시 시모카마가리정(広島縣呉市下蒲刈町) 고치소이치반칸(御馳走一番館) 소장. 아오모리현 히로사키시(青森縣弘前市)에서 현재도 만들고 있는 향토 인형. 통신사를 본뜬 인형이 통신사의 여정에서 멀리 떨어진 곳에서 만들어지고 있는 것은 그 막대한 영향력을 말해 주고 있다.

책을 내면서

조선 전기 통신사가 1350년 경인왜구에서 시작된 약탈의 시대를 공존의 시대로 이끌어 간 역할을 했다면, 조선 후기 통신사는 1592년 임진왜란이라는 전쟁의 시대를 평화의 시대로 바꾸어 간 역사적 기능을 수행했다.

물론 통신사가 가능해지기까지 조선 전기에는 회례사 · 보빙사 등의 파견이 있었고, 조선 후기에는 탐적사(探賊使) · 회답겸쇄환사(回答兼刷還使) 등의 사전교섭을 위한 과정이 있었다. 그 결과 '약탈에서 공존으로, 전쟁에서 평화'가 가능했던 것이다.

조선 시대 500여 년간 조선과 일본은 많은 역사적 경험을 가지고 있다. 왜구에 의한 약탈과 살해, 삼포에서의 통교와 무역 그리고 위사(僞使)의 왕래, 침략과 살해, 납치와 방화, 초량왜관에서의 교역 · 정보교류 등 많은 역사적 사건이 혼재하고 있다. 이러한 역사적 경험을 공유할 때, 한국과 일본 두 나라는 진정한 의미의 공존과 공생이 가능할 것이다.

조선통신사는 이러한 공존 · 공유 · 공생의 개념을 가지고 있는 역사적 실체이다. 믿음과 도리, 의리와 예의의 교린이념(交隣之信, 交隣之道, 交隣之義, 交隣之禮)을 실천한 외교사절이었으며, 통섭과 소통을 실천한 문화사절이었다.

내가 조선통신사에 관심을 가졌던 이유는 바로 이러한 통신사의 역사적 기능 때문이다. 2002년 한일 양국에서는 월드컵을 공동으로 개최하여 세계인의 주목을 받으면서, 2005년을 '한일 우정의 해'의 원년으로 삼아 21세기 새천년의 새로운 시작을 다짐했다. 그러나 그해 2월 '독도를 일본 땅'이라고 선언하고 4월에는 '새로운 역사 교과서의 검정'을 하면서 그 다짐에 먹칠을 하고는 점점 더 갈등을 심화시켜 나가고 있다.

많은 역사적 경험을 무의미하게 만드는 바보 같은 짓이다. 조선 시대 500년간 통신사만 돌이켜보아도 얼마나 한심한 짓인가. 모두 역사에 대한 무지와 무관심에서 비롯되는 일이다. 조선 시대 500년간 통신사의 왕래가 주는 역사적 메시지는 무엇인가, 두 나라 사람들은 시대의 갈등을 어떻게 해결해 갔는가, 어떻게 머리를 맞대고 고민하며 어떠한 방법으로 역사의 실마리를 풀어 갔는가. 이 책을 통해 물꼬를 터 나갈 수 있기를 바란다.

저자인 나카오 히로시 교수와는 20년간의 친분이 있다. 그동안 마치 조선통신사와 일본국왕사가 오가듯 한국과 일본을 왕래했다. 2010년, 한일합방 100년을 되돌아보기 위해 제작된 일본 NHK의 특집 "일본과 조선반도 2천년"에 함께 출연하여 〈조선통신사 — 화해를 위하여〉를 이끌었고, 한국 KBS의 특별기획 "한국과 일본" 〈제4편 공존〉에도 함께 출연하여 조선통신사의 역사적 경험을 공유했다. 우리나라 독자들과도 이 마음을 공유하고 싶다.

책을 번역하는 데 많은 분의 도움을 받았다. 우선 난해한 원문을 해독하는 데 도움을 준 규슈대학의 마쓰오 히로키(松尾弘毅) 선생, 타이핑을 해준 규슈대학 대학원 김준식, 강효진, 이윤수 님 그리고 2년이나 원고를 기다려 준 한림대 일본학연구소 서정완 소장님, 심재현 선생님께 감사를 드린다.

2012년 3월

손승철

한국어판 서문

2010년은 한국강제병합으로부터 100년의 전환점이 되는 해였다. 일본에서도 한국에서도 "이 전환점을 계기로 가까이 존재하는 두 민족의 공존과 미래의 공생을 위해 서로 생각하며, 그것을 행동으로 표현하자"라는 여러 시도가 있었다. 나도 그 몇 가지 행사와 기획에 참여했다. 그 가운데 하나가 양국의 역사에 깊은 상흔을 남긴 강제병합에 관한 「'한국병합' 100년 일본 · 한국 지식인 공동 성명」이었다. 이 성명에는 한국 측 587명, 일본 측 524명의 역사 연구자를 비롯한 지식인이 찬성의 서명을 했다. 나도 그중 한 명이지만, 이와 같은 시도를 통해 상호 역사 인식의 차를 축소하는 것은 무척 바람직한 일이라고 생각한다.

또 하나 내가 참여했던 시도 가운데 커다란 일은, 같은 해 8월 '평화의 통신사'라는 이름으로 일본 제국주의 지배하 한반도의 사적을 방문하여 한국의 시민과 각지에서 교류하는 기회를 가진 것이다. 나는 단장을 지내면서 전 일정의 일부밖에 참가하지 못했으나, 양쪽의 참가자에게는 커다란 감동을 불러일으켰다. 조선통신사가 현대에 되살아난 것이다. 조선통신사의 왕래는 과거의 일이지만, 동아시아, 특히 한일 양국에 바람직한 역사를 새로 만들어 내고 동아시아 지역의 평화와 안정, 상호교류에 커다란 역할을 달성했다. 그것은 조선 왕조 후기, 일본으로 말하면 에도 시대뿐만 아니라 임진왜란기를 합쳐 약 500년에 걸쳐 계속되었던 국가적 · 민족적 수준에서의 교류가 만들어 낸 여러 성과였다.

양국이 교환했던 국서 등에 자주 나오는 '성신(誠信)'이라는 말이 그 성과의 하나이다. 하지만 항상 원활하게 진행되었던 것은 아니다. 왜구나 임진왜란이 초래한 심대한 피해에 대해 가해자 측이었던 일본 정치가의 반성은 불충분했다. 또한 소중화문명의 중심으로서의 조선 왕조 관리의 우월의식과 일본 지식인의 대항의식이 있었다. 무역에서 쓰시마(対馬)와 조선 측의 이해가 대립하여 교섭 과정에서 상호불신의 감정이 소용돌이치기도 했었다. 하지만 그것들은 쌍방 간에 당사자의 끈질긴 노력과 필요에 의한 타협으로 타개할 수 있었다. 그리고 서로를 이해함으로써 멸시의 감정이나 상호불신은 조금씩 해소되어 갔다.

이 같은 통신사 시대의 역사에서 배우는 것이 적지 않을 것이다.

한국의 독자가 이 책을 한 번 읽는 것으로 이제부터 양국뿐만 아니라 동아시아의 평화와 안정, 상호의 입장을 존중하기 위한 교훈을 조금이라도 배워 갈 수 있다면 다행이겠다.

마지막으로 이 책의 번역을 위해 매우 큰 노력을 해주신 손승철 선생님, 그리고 한국 연구자들과의 우정, 또한 이 책의 간행을 결정해 주신 한림대학교 일본학연구소 여러분께 진심으로 감사의 마음을 올리고 싶다.

2011년 3월 초봄

나카오 히로시

차례

들어가면서

일의대수(一衣帶水)[1]의 사이

에도 시대, 에도(江戶 : 도쿄)와 서울(당시는 한양 · 한성)은 육로와 해로를 합쳐 약 2천 킬로미터로, 왕복에 수개월이 걸리는 결코 가까운 거리가 아니었다. 그러나 쓰시마(対馬)의 북단에서 한반도의 동남 끝까지는 50킬로미터도 되지 않는다. 날씨가 좋을 때는 양쪽에서 육지의 모습을 바라볼 수 있고, 또 밤에는 깜박이는 불빛이 눈에 들어온다. 이러한 지리적 조건을 가지고 있는

1. 『남사(南史)』 「진본기(陳本紀)」에 나오는 "나는 백성의 어버이로서 어찌 옷의 띠와 같은 물 때문에 이를 구원하지 않을 수 있겠는가(我爲民父母 豈可限一衣帶水 不拯之乎)"에서 온 말이다. 수나라 문제가 진나라를 공격하면서 양쯔강(揚子江)을 두고 한 말이다. 양쯔강은 예부터 천연의 요충 지대로, 삼국 시대 이래 동진과 남조의 송(宋) · 제(齊) · 양(梁) · 진(陳) 등이 모두 이를 방패삼아 북쪽의 이민족에 대항해 왔던 곳인데, 수 문제는 '옷의 띠와 같이 좁은 물'이라면서 양쯔강을 건너 진나라를 공격하여 멸망시켰다. 일반적으로 아주 가까운 사이를 일컫는 말로서, 여기서는 조선과 일본 사이를 비유하는 의미로 사용했다. — 옮긴이 주

대마의 최북단에서 바라보는 한반도, 지은이 촬영.

일본열도와 한반도는 흔히 말하는 것처럼 일의대수의 사이로, 국가와 국가의 관계가 어떻게 되든 사람이나 새들의 왕래가 끊이지 않던 가까운 사이이다. 그뿐만 아니라 순치보거(脣齒輔車 : 서로가 힘을 합쳐 모든 일을 해결해 가는 것)[2]〔『좌전(左傳)』〕의 관계가 되어야 하는 관계로 일컫고 있다.

그러나 인간이 살아가는 세상에는 여러 가지 역사의 벽이 있었다. 겨우 50킬로미터도 되지 않는 해협을 사이에 두고 대립과 살육, 증오와 멸시, 불신과 저항의 시대가 있었다는 것 또한 사실이다.

---

2. 입술이 없으면 이가 시리다는 말로, 서로 떨어질 수 없는 밀접한 관계라는 뜻. 동의어로 순치지국(脣齒之國)이 있으며, 유사어로 조지양익(鳥之兩翼) · 거지양륜(車之兩輪)이 있다. 『춘추좌씨전(春秋左氏傳)』 희공 5년조에 나오는 말이다. 『좌전』은 『춘추좌씨전』이다. — 옮긴이 주

'통신'이라는 말이 지니는 의미

조선과 에도 시대에 200년 이상 두 나라와 민족은 서로가 대등하게 신의를 나누는 상대라는 것을 인정했고, 상호간에 무력으로 일을 어렵게 만들지 않는다는 인식이 존재했다. 그것은 이 책의 테마인 '조선통신사'의 왕래가 있었기 때문이다.

여기서 말하는 '통신(通信)'이란 서로가 믿음을 통한다는 의미다. 조선 왕조에서는 이 외교사절을 '일본통신사'라고 불렀다. 중국에 보내는 사절을 연행사(燕行使, 북경을 연행이라고 했다) 또는 사대사(事大使 : 대국을 섬김)라고 부르는 것에 비하여, 이 '통신'이라는 말이 가지는 의미의 중요성을 잘 알 수 있다.

당시 일본에서는 통신사 외 신사(信使), 내빙사(來聘使), 빙사(聘使), 한사(韓使), 조선국사(朝鮮國使) 등 여러 가지로 불렀다. 또 몇몇 기록에서는 통신사를 조공사로 취급하여 '내조(來朝)'라는 말을 쓰기도 했다.

그러나 도쿠가와(德川) 막부는 이 외교사절을 조공사로 간주하지는 않았다. 그것은 양국의 왕권을 대표하는 조선 국왕과 도쿠가와 쇼군 사이에 주고받은 열두 차례의 국서나 막부 수뇌부의 노중(老中)[3]과 조선의 외교 담당자인 예조참판 사이에 오간 서

3. 에도 막부의 관직명으로 쇼군에게 직속되어 정무를 총괄하던 막부의 최고직. 숙로(宿老) · 집정(執政)이라고도 하며, 처음에는 연기(年寄) · 봉행(奉行)이라고도 했다. 정원은 4~5명으로 매월 1명씩 교대하며 정무의 책임자가 되었다. — 옮긴이 주

한의 글을 보면, 쌍방이 적어도 대등하게 신의를 주고받는 상대로서 인식하고 있었음을 분명히 알 수 있다.

네 개의 창구

조선과 일본의 대등한 관계는 당시 다른 외국과의 관계와 비교하면 보다 명확해진다. 일본은 류큐(琉球)왕국과 외교 의례를 주고받았지만, 1609년〔게이초(慶長) 14〕 사쓰마(薩摩)가 무력으로 류큐 지배를 실현한 후에는 류큐 국왕은 대를 이을 때마다 습직을 인정받는 예를 행하는 사은사(謝恩使)를 에도에 파견해야 했다. 또 중국이나 네덜란드는 민간 무역을 위해 나가사키(長崎)에 선박 입항을 인정받았지만, 국가 사이에 외교관계는 없었다.

물론 그들 나름대로 중요한 대외 창구였을지라도 쓰시마번과 조선처럼 통상을 포함한 대외 창구로서의 일본과 조선의 관계와는 비교가 되지 않았다. 여기에 마쓰마에번(松前藩)과 아이누의 교역까지 포함하여 아라노 야스노리(荒野泰典)가 말하는 '네 개의 창구'가 에도 시대에 존재했다〔『근세일본과 동아시아(近世日本と東アジア)』〕는 논리는 아직 일본적인 견해가 아니다.

그러나 근세일본의 실상을 명확히 이해하는 데에 간과해서는 안 될 중요한 점이 있다. 동시에 조선 왕조로서도 조선 후기 교린관계의 실상을 생각하면 통신사가 수행했던 역할을 정당하게 평가하는 일은 매우 중요하다.

일본의 경우, 에도 시대에는 쇄국을 국시로 했기 때문에 대외 관계는 일부를 제외하고 폐쇄되어 있다는 관념이 막말 이후에 퍼져 있었다. 메이지유신의 '개국', '문명개화'에 반하여 '쇄국', '구습완미(舊習頑迷)'라는 대비를 이룬다. 그러나 '쇄국령'이라고 이름 붙인 법령이 있었던 것은 아니고 19세기가 되어 오란다[4] 상관장인 켐페르(Engelbert Kaempfer)[5]가 저서 『회국기관(廻國奇觀)』에서 썼던 용어를 난학자 시즈키 다다오(志筑忠雄)가 '쇄국'이라고 번역했던 것에서 에도 시대를 쇄국적 상황으로 인식해 온 것에 불과하다.

실제로는 기독교 금지를 위해 내외인의 출입을 엄중하게 통제하고 오란다를 제외한 서양제국의 나가사키 입항을 금지했다. 입항이 허가된 오란다와 중국의 민간 선박에 대하여는 해외 정보의 제공이 의무화되어 있었다. 따라서 에도 시대 전반에 걸쳐 해외의 물산이나 정보는 앞의 '네 개의 창구'를 통해 열도 각지에 다다르게 되었다.

---

4. 현재의 네덜란드로 독립되기 이전에는 홀랜드였으며, 오란다는 홀랜드의 일본식 발음이다. 1515년부터 에스파냐(스페인)의 통치를 받으며 신교 탄압을 받아 왔고 1566년 독립전쟁을 감행해 1579년 1월 독립을 선언했으나 1648년에야 완전한 독립이 승인되었다. — 옮긴이 주
5. 1651~1716년, 독일의 의학자 · 박물학자. 1690년 네덜란드 동인도회사의 의사로서 나가사키 데지마에 와서 2년간 일본에 체재하면서 일본의 역사 · 정치 · 사회 · 지리 등을 저술하여 『일본지(日本志)』, 『에도참부기행(江戸參府紀行)』을 남겼다. — 옮긴이 주

그중에서도 특히 통교와 통상의 두 가지 교류가 있던 쓰시마의 조선구(朝鮮口)에는 다른 세 개의 창구에서 볼 수 없던, 다양하고 다채로운 의례의 교환이나 정보와 문화의 왕래가 있었다. 그렇지만 그것은 일본국과 조선국이라는 두 나라의 관계에 머무르지 않고 중국 대륙의 문화를 포함하여 동아시아 세계의 회랑의 일부로 존재했으며, 또 이 지역의 안정과 분쟁 회피에 큰 역할을 했다.

조선통신사의 참의미

조선통신사의 의미를 안다는 것은, 위에서 언급한 바와 같은 근세일본 대외관계의 재발견에 머무르는 것이 아니다. 에도나 오사카, 교토 등의 대도시만이 아니라 조선통신사가 왕래한 연도의 각지와 그 주변에 여러 가지 문화적 자극, 정보 교환의 자취가 무사나 학자 계층 외 조닌(町人)과 농민에게도 넓게 퍼져 있었다는 것을 알 수 있다.

그뿐 아니라 조선통신사의 왕래가 끊어진 19세기 중엽 이후에도 회화나 출판물에 조선인이 묘사되었고, 각지의 제례나 민간 용품에 그 풍속이 전승되었다. 일부는 시대를 멀리 뛰어넘어 21세기인 현대까지 전해지고 있다. 또한 통신사의 사적을 발굴하는 일이 각지에서 계속되고 있다. 이러한 의미에서 보면, 조선통신사는 에도 시대라는 과거의 국제교류에서만이 아니라 오늘날에도 가장 가까운 이웃 나라와 타민족을 이해하고 공생의 길을 찾는 데에 커다란 시사를 던져 주고 있는 것은 아닐까.

이 책의 구성

나는 이 책의 부제를 '에도 일본의 성신 외교'로 했다. 성신은 당시 양국의 국서 등에 쓰인 용어로 상호간의 신의를 다지자는 말이다. 열두 차례나 되는 조선통신사의 의의는 한마디로 성신이 전부라고 해도 과언이 아니다.

이 책의 서장에서 임진왜란〔분로쿠 · 게이초노에키(文祿 · 慶長の役)〕에 의한 동아시아 세계의 변동에 주목하고, 제1장에서는 그 후 국교 회복에의 발자취와 피로인(被虜人) 송환 등의 전후 처리 과정을 다루며, 제2장에서는 그 처리가 거의 끝나 문자 그대로 통신사가 부활한 것, 그리고 대군(大君) 호칭에 보이는 일본 측의 자타에 대한 국가의식을 기술한다. 제3장에서는 도쿠가와 정권의 국내정책인 위세(威勢)와 조선통신사의 관계, 에도성에서의 내빙 행사에 보인 대등 관계의 양태 등을 구체적으로 설명한다. 또 제4장에서는 통신사 여정에서의 송영과 접대의 실상, 각 번의 부담과 노역을, 제5장에서는 통신사 일행과 각지, 각 번에서의 문인묵객의 문화교류, 민중의 통신사에 대한 문견록 등을 다루었다. 종장에서는 무엇 때문에 통신사의 시대가 끝나게 되었는가, 근대의 일이지만 정한론이나 식민지 지배로 가는 노정의 뿌리가 어디에 있는가를 생각해 보고자 했다. 역사 서술이기에 시간의 흐름을 따라 서술했지만, 흥미가 있는 장부터 읽어도 전혀 문제될 것이 없다.

서장

동아시아 세계의 재편과 임진왜란

오쿠보 세쓰도(大久保雪堂), 「조선군진도병풍(朝鮮軍陣圖屛風)」 일부, 나베시마호코카이(鍋島報效会) 소장. 임진왜란 당시 울산성 공방이 그려져 있다.

노부나가 · 히데요시의 천하통일과 동아시아 세계의 변동

근세일본의 여명은 오다 노부나가(織田信長) · 도요토미 히데요시(豊臣秀吉)에 의한 천하통일의 과정에서 시작되었다. 그들은 중세적 권문세가를 영내에서 추방하면서 지배를 일원화해 가던 센고쿠다이묘(戦國大名)[6]들을 통일정권 아래에 두면서 각지에서 전투와 회유에 의한 전국적 권력을 확립해 갔다. 한편 이 시기는 일본을 둘러싼 동아시아 일대의 국제 정세가 크게 변모해 가는 시기였다.

노부나가가 처음으로 교토에 간 것은 1568년의 일이다. 이듬해인 1569년 4월, 노부나가는 예수회 선교사인 루이스 프로이스(Luís Fróis)[7]의 요청을 받아들여 알현하고 그의 교토 거주를 허락했

6. 다이묘는 헤이안(平安) 시대에 등장하여 19세기 말까지 각 지방의 영토를 다스리고 권력을 행사하던 지방 영주. 초기 무사계급의 우두머리로 출발했으나 점차 권한이 확대되어 지역 내 군사권 및 사법권, 행정권, 경제권을 가지기에 이른다. 에도 시대에는 도쿠가와가(德川家)가 중심이 되어 쇼군의 통치를 받았으며, 각 지방에 있는 자신의 성에서 가신들을 거느린 봉건영주의 삶을 살았다. 19세기 메이지유신으로 일본에 근대화 바람이 불면서 영지의 통치권을 박탈당하고 귀족이 되어 연금을 받았다. — 옮긴이 주
7. 1532~1597년, 리스본 태생의 포르투갈인 예수회 회원으로 가톨릭 교회의

다. 그리고 다음 해인 1570년 오르간티노(Gnecchi-Soldo Organtino)[8]가 교토에 오자, 불교 승려 등에 의한 반(反)기독교의 움직임에 아랑곳하지 않고 교토와 서일본 일대에서 포교를 전개했다. 기독교의 일본 포교는 그후에도 여러 차례 굴절을 반복했지만, 천하통일 사업이 이러한 동아시아의 새로운 움직임과 연동하여 전개되어 가고 있었음에 주목하고 싶다.

시대를 조금 거슬러 올라가 동아시아의 정세에 대해 언급해 보면 이 지역에서는 14세기 후반에 큰 세력 교체와 변동을 경험하고 있었다. 중국에서는 1368년에 주원장이 몽골 민족이 지배하는 원 왕조를 추방하고 명 왕조를 수립하여 한민족 국가의 부흥을 달성했다. 한반도에서는 1392년 이성계가 고려 왕조를 타도하고 새로운 조선 왕조를 세웠다. 그리고 일본은 1338년에 아시카가 다카우지(足利尊氏)가 세이이타이쇼군(征夷大將軍)에 임명되어 가마쿠라(鎌倉) 정권을 계승한 무가정권이 성립되었다. 그러나 이 아시카가 정권은 이후 약 50년에 걸쳐 소위 남조 세력이나 무가 세력 내부의 무력항쟁으로 시간을 소비했다. 교토에서 쇼군가로서 왕권을 확립한 것은 3대 쇼군 아시카가 요시미쓰(足利義滿)

사제로서 선교사가 되어 1563~1597년 일본에서 선교했으며 『일본사(日本史)』를 저술했다. — 옮긴이 주

8. 1533~1609년, 전국 시대 말기의 일본에서 선교 활동을 한 예수회의 이탈리아인 선교사. 30년을 교토에서 지내는 가운데 한때 오다 노부나가나 도요토미 히데요시 등 권력자와 지기로 지냈다. 나가사키에서 세상을 떠났다. — 옮긴이 주

때, 즉 1392년 남조를 흡수하여 통일한 이후라고 말할 수 있다.

책봉체제로 들어가다

이와 같이 동아시아에서 중국대륙, 한반도 그리고 일본열도에서의 정권 교체가 거의 같은 시기에 일어났지만, 중화 세계의 중심이 된 명은 고대부터의 전통적 지배 질서를 주변 국가에 요구했다. 소위 중화와 이적의 관념에 기초하여 중국 황제에 대하여 상표문(上表文)과 조공을 요구하고, 그에 대응하여 주변 민족들의 우두머리를 국왕으로 인정하는 고명(誥命 : 승인서)과 인신(印信 : 인장) 그리고 정삭(曆)을 나누어 주고 회사(回賜 : 황제가 선물을 나누어 주는 것)를 행하는 책봉체제에 들어갔다. 즉 주변의 군장에 대해 관호와 작위를 주고 군신관계를 맺으며, 종주국과 복속국의 관계를 맺는 대외정책이다.

그러나 이것을 근대적 관점에서 단순하게 불평등한 국제관계로 보는 것은 옳지 않다. 아득한 옛날 춘추 · 전국 시대에 등장한 이 정치 사상은 천제의 명을 받던 중국 황제가 한(漢)민족에 덕행을 행하여 감화해야 하고, 그것이 주변의 다른 우두머리들에게도 미치는 수신제가치국평천하(황제는 자신의 몸을 수양하고, 집안을 가지런히 하고, 나라를 잘 다스려 천하를 평화롭게 한다)라는 정치의 결실을 맺어야 한다는 정치윤리에 입각하고 있다.

일본열도에서도 고대 왜국 우두머리나 야마토 조정은 이것에 부응하여 책봉을 받아 왔다. 이러한 중국과의 관계는 헤이안 시대에 모호해져 공적인 외교관계가 소멸해 버렸다. 실은 원나라도 같은 관계를 일본에 요구해 왔지만, 일본이 거부했기 때문에 겐코(元寇)[9] 사태가 일어난 하나의 원인이 되었다. 조선 왕조도 일본의 아시카가 요시미쓰 정권도 명 황제의 이러한 책봉 요구를 받아들여 명 황제로부터 조선 국왕, 일본 국왕으로 인정받았다. 그 결과 아시카가 정권에 의한 견명선 무역이 시작되었고, 그것은 아시카가 정권의 재정 기반 강화에 도움이 되었으며, 일본 사회 유통 경제의 발전에 크게 기여했다.

외교권을 담당하는 무가정권

그리하여 조선과 일본이 이러한 전통적 체제에 들어가면서 양국 관계는 새로운 국면을 맞이했다. 그러나 일본의 경우, 그후 몇 차례 예외를 제외하고는 스스로를 일본 국왕으로 칭하는 것을 회피했다. 그 이유는 명분론이나 신국사관에 입각한 천황가로부터 비판을 피하고, 천황이라는 존재와의 관계를 모호하게 해두려는 정치적 배려 때문이었다. 그래서 스스로는 '일본국 원모(日

---

9. 13세기에 중국 대륙을 지배하고 있던 몽골제국(원)이 고려와 함께 두 번에 걸쳐 일본을 침공한 사건을 말한다. 첫 번째는 1274년의 분에이노에키(文永の役)이고, 두 번째는 1281년의 고안노에키(弘安の役)이다. 몽골내습이라고도 하며, 주로 규슈 북부가 전장이 되었다. — 옮긴이 주

本國源某)'라는 명의의 국서를 작성했다. 하지만 조선 측에서는 아시카가 쇼군가의 사자를 칭하는 사절을 일본국왕사로서 대우했고, 이러한 사실은 『조선왕조실록』에도 다른 다이묘들로부터의 사자와는 명확하게 구별하여 나타난다. 즉 서로가 중국 황제의 책봉하에 상대를 국왕으로 인식하는 관계였다. 결국 교토 조정은 이미 겐코의 시기부터 타국과의 외교권을 실질적으로 포기했던 것이다.

교토 조정에서는 원으로부터의 서한에 응답하지 않았고, 원의 침공 이후에도 다만 신불에게 이국조복(異國調伏)[10]을 기원할 뿐이었다. 아시카가 쇼군 때 고려에서 온 사절의 응접을 담당한 것은 무가였다. 즉 공가와 무가의 관계는, 1221년 무가가 천황공가 세력을 완전히 압도한 뒤 무가는 외교권을 전담하게 되었고, 막부는 일본의 정권을 대표하는 정권으로서 대외관계를 떠맡게 되었다.

왜구 문제

14세기 후반, 동아시아 세계에서 또 하나의 중요한 국제적 과제는 왜구 문제였다. 잘 알고 있는 것처럼 13세기 후반의 겐코, 즉 분에이 · 고안노에키(文永 · 弘安の役) 이후, 서일본 연안의 중소

10. 다른 나라가 항복하여 오는 것 — 옮긴이 주

영주나 해민(海民)들이 조선반도나 중국대륙 연안에 출몰하여 식량 · 재화의 약탈, 나아가 납치 등의 해적 행위를 반복했다. 15세기에 들어서면 조선이나 중국의 연안민 일부까지 이러한 행위에 가세하여 동아시아 근해는 주변 여러 나라의 손이 미치지 않는 무정부 상태의 해역으로 변해 있었다. 특히 한반도는 연안부만 아니라 내륙 깊숙이까지 그들의 약탈 대상이 되었다. 그 주요 근거지는 쓰시마였고, 북큐슈 서부 연안 지역인 경우도 있었다. 이들 왜구의 금지를 요구하기 위해 고려 왕조는 아시카가 정권 성립 이후, 여러 차례에 걸쳐 하카타〔博多 : 현재의 후쿠오카(福岡)〕의 규슈탄다이(九州探題)[11]에게 또는 교토로 사절을 보냈다.

여기에 응했던 것이 아시카가 요시아키라(足利義詮)와 요시미쓰다. 그러나 실제로는 그들의 외교고문인 덴류지(天龍寺)의 고승을 시켜 회답서를 보냈다. 모두가 해적 행위를 금지시키기는 어렵다는 내용이었다. 이 시기 일본의 중앙정권인 막부의 지배는 아직 서남해 연안부나 해역에까지 충분히 미치지 못하고 있었다. 한편 중국 명 왕조의 경우는 시박사(市舶司 : 관영 무역소)를 두고 무역을 행하면서 해금제도(중국인의 해외 도항 금지령)를 시행하여 연안민의 해적화를 방지하는 정책을 펼쳤다.

11. 가마쿠라 시대부터 무로마치 시대에 걸쳐 막부가 규슈를 통치하기 위해 설치한 군사적인 보조기관으로 실제로 규슈지역을 통치했다. 규슈절도사라고도 했다. — 옮긴이 주

유럽의 동아시아 진출과 노부나가 · 히데요시

다음으로 중요한 문제는 유럽 세력의 동아시아 진출이다. 15세기부터 16세기에 걸쳐 로마 교황의 칙령에 의해 아시아와 아메리카대륙에서의 기독교 포교가 장려되어 포르투갈과 스페인 양국은 영지 획득과 무역 독점권의 확보를 위해 진출했다. 무역의 이익을 포교 자금으로 이용하는 구조였다. 그 영향이 중국 연해의 동아시아 지역에도 나타나 류큐 왕국의 중계무역은 심각한 타격을 받았다. 그리고 왜구 형태의 약탈무역도 전환기를 맞이했다. 이러한 정세하에서 명 제국의 대외정책도 변화를 맞았는데, 앞에서 언급한 것처럼 이 시기는 일본에서 통일 정권 수립의 조짐이 나타난 때이다.

오다 노부나가는 선교사들과 몇 차례에 걸쳐 면담하는 가운데 동아시아를 둘러싼 해외 정세에 대해 어느 정도 알게 되고 관심을 가진 것은 확실하다. 그가 해외 침략의 구체적인 구상을 가지고 있었다는 사료적 근거는 없지만, 도요토미 히데요시는 그러한 계획과 관계가 있는 것 같은 언동을 보였다. 그 점에서 히데요시의 조선 침략이나 명 정복 구상을 자만심에서 온 과대망상에 의해 가졌다든가, 사랑하는 아들 쓰루마쓰(鶴松)의 죽음에 의한 반발심에 의했다든가, 또는 히데요시 자신이 말한 것처럼 "명성을 남기기 위해서"라는 이유는 일본 이외의 나라에서는 통용되지 않는다.

히데요시의 아시아 진출 구상

히데요시가 "당(唐)으로 간다"라는 의도를 명시한 것은 잘 알려져 있듯이 1585년 히토쓰야나기 스에야스(一柳末安) 앞으로 보낸 주인장(朱印狀)이다. 이듬해 1586년 3월 예수회 선교사인 카스파르 코엘류(Caspar Coelho)[12]와 명과 조선 정복 계획에 대해 이야기했을 때, 코엘류는 정복에 나설 경우 군함 제공의 의사가 있다고 말했다고 한다.

또 「소가(宗家)문서」에 의하면, 히데요시는 1586년 6월 쓰시마 도주〔세키가하라전투(関ヶ原の戦い) 때까지 이렇게 부르다 후에 번주가 되었다〕 소 요시시게(宗義調)에게 국내 통일을 완료하는 시점에서 조선 출병이 있을 것이라고 통보했다. 이때는 시마즈(島津) 토벌이 있기 전이었다. 이 시기에 이러한 의향을 암시한 것은 국내 통일의 연장선상에서 '조선 출병 · 명 정복'이라는 구상이 이미 존재했음을 보여 준다. 또 히토쓰야나기에게 보내는 주인장 발급을 전후하여 고가이노다이묘(子飼いの大名)[13]인 가토 미쓰야스(加藤光泰)가 가신단을 유지하기 위해 태합장입지(太閤藏入地)에 급여를 요청한 것을 책망하고, "도요토미의 영광이 국내에 미치기 위해서는 중국까지 차지할 것을 희망했다"라고 말했다. 즉 국내

12. 1530~1590년, 포르투갈 출신으로 전국 시대에 일본에서 활동했던 예수회의 사제이자 선교사. 예수회 일본지부 준관구장을 지냈다. — 옮긴이 주
13. 어릴 적부터 오랫동안 부하로 거느리다 다이묘가 된 경우를 말한다. — 옮긴이 주

평정 후 다이묘들의 영지 확보를 위해 계속해서 군역[14]을 발동하여 해외에서 일을 도모하려는 의사를 표명한 것이다. 그리고 쓰시마의 소 씨에 대하여는 1586년과 87년에 거듭하여 조선 출병 때에 충성을 요구하는 서장을 보냈다. 이것들을 종합해 보면, 히데요시의 의도를 명백하게 알 수 있다.

1587년 6월, 히데요시는 소 요시시게와 소 요시토모(宗義智)에게 규슈 평정의 성과를 알리고 쓰시마에 영지를 보장해 줌과 동시에 조선 국왕의 복속과 교토를 방문할 것〔참락(參洛)〕을 명하고, 조선 복속에 진력할 것과 조선에서의 지행(知行)[15]을 인정해 줄 것을 반복해서 통지했다. 이 시기 이후 히데요시는 류큐국에 대해서도 복속과 입공을 요구하는 것 외에 대만의 고산국, 스페인령의 필리핀 총독, 포르투갈령의 인도 부왕 앞으로 복속과 입공을 촉구하는 서한을 보냈다. 이러한 일련의 고압적인 태도는 히데요시가 조선 침략만이 아니라 동아시아 일대로의 세력 확대를 구체적으로 구상하고 있었음을 증명하는 것이다. '대명 정복'이야말로 꿈같은 이야기지만, 조선을 비롯한 중국 주변 지역을 판도에 둔 전략이다. 그러나 히데요시의 이러한 언동은 그때까지

---

14. 전시에 무사가 주군에게 바쳐야 하는 군사력이나 병량의 의무. — 옮긴이 주
15. 일본의 중세 · 근세에 영주가 행사한 영지 지배권을 의미하는 역사 개념으로, 헤이안 시대부터 사용되기 시작했다. 일본의 영주는 유럽 농노제에서의 영주와 같이 무제한적으로 영지의 토지와 인민을 사유재산으로 소유한 것이 아니라 징세권 · 지배권과 관계되는 일정한 권리와 의무만 갖고 있었다. — 옮긴이 주

의 쓰시마와 조선의 관계를 어느 정도 이해한 상태에서 이루어진 것일까.

쓰시마와 조선 — 계해약조

조선은 1420년대 이후, 왜구금압을 위해 일본과의 유화정책을 기본으로 해왔다. 특히 세종 시대에는 통신사가 일본에 세 차례 파견되었다. 글자 그대로 교린관계의 실천이었다. 이에 대해 아시카가 정권 시대에는 60여 회에 걸쳐 일본국왕사가 한양에 파견되었다. 그러나 일본국왕사는 초기를 제하고는 대부분의 경우, 쇼군 주변의 실력자나 유력 수호 다이묘, 심지어는 교토고잔(京都五山)[16] 등의 신사와 절이 사카이(堺) 상인 등의 자금과 하카타 상인 · 사원의 후원을 받아 도항선을 보냈다고 알려져 있다. 국왕사에 대한 조선 조정의 후의와 막대한 회사품(선물)을 기대했기 때문이다. 예를 들어 1489년 게이진(恵仁)이라는 승려가 파견되었을 때는 쇼군 측근의 쇼코쿠지 인료켄(相国寺 蔭凉軒)의 당주

16. 교토에 있는 다섯 개의 큰절. 가마쿠라 시대 말기 무렵부터 호조(北条) 씨는 남송을 모방해 가마쿠라의 사원을 중심으로 하는 오대산을 선정했다. 무로마치(室町) 시대의 1386년〔시토쿠(至德) 3〕에는 3대 쇼군 아시카가 요시미쓰가 오대산을 교토고잔과 가마쿠라고잔으로 나누어 양 오대산 위에 특별히 별격으로 난젠지(南禪寺)를 두었다. 오대산은 별격으로 난젠지, 덴류지(天龍寺), 쇼코쿠지(相国寺), 겐닌지(建仁寺), 도후쿠지(東福寺), 만주지(万寿寺)이다. 오대산 승려는 중국 문화의 수용이나 요시미쓰가 일명 무역(감합무역)을 실시할 때 외교고문의 역할을 완수했다. — 옮긴이 주

도 알지 못하는 사이 '사카이의 사람'과 후시미(伏見)의 한주 산마이인(船舟三昧院)이 보낸 사자가 국왕사가 되어 한양에 와서 대장경과 목면을 요청했다. 이 경우, 도중의 기항지인 쓰시마 도주의 협력이 필요했다.

조선 측에서는 왜구 대책의 일환으로 도항선의 주인이 어떠한 경우라도 도주(島主)의 문인(文引 : 도항증명서)을 휴대할 것을 의무화하고, 쓰시마에 대하여는 부산 외 거류지 두 곳에서 무역과 쓰시마 사람의 거주를 허가하고, 도주나 원래는 해적이던 도내의 유력 호족에게는 특별한 무역선의 권한을 주는 기미(羈縻 : 길들이는)정책을 취했다. 그리고 쓰시마 도주는 매년 그 대가로 쌀 · 콩을 조선 국왕으로부터 받고, 도내의 호족은 조선의 관작을 받았으며, 조선 국왕에 대한 충성심의 표현으로 조선 국왕에게 복속하는 의례를 부산 동래부에서 행했다. 도내에 농지가 부족하고 예부터 북방 한반도와의 무역에 의존해야 했던 쓰시마의 영주나 영민으로서는 살기 위한 필연의 방책이었다. 이를 약속한 것을 계해약조 또는 가길(嘉吉)약조라고 한다.

히데요시는 이러한 쓰시마와 조선의 관계를 어디까지 알고 있었을까. 히데요시 주변에서 외교 문서를 작성하던 고잔의 승려 중 한 사람인 쇼코쿠지의 세이쇼 조타이(西笑承兌)가 있다. 그는 적어도 지금까지 교토고잔이 관계한 일본과 조선의 관계, 대마의 사정 등을 잘 알고 있었음에 틀림없다. 그렇기 때문에 그러한 내용을 히데요시의 귀에 어느 정도 전했을 것으로 추측할 수 있다. 그러나 히데요시는 다이묘들에게 줄 영지를 확보하기 위해 기존의 관계를 무시했다. 조선 침략을 일본의 동북 지방이나 규슈 제압과 동일한 차원에서 보고 있었을 것이다. 여기서 히데요시의 고잔이 시작되고 있었다.

히데요시 시대의 통신사

한편 쓰시마는 히데요시의 엄명을 받아 곤혹스러워하면서 인질과 공물을 바쳤다. 히데요시의 고자세가 변하지 않았기 때문에 1587년 가신을 일본국왕사로 내세워 한성에 보내 히데요시의 국토 통일을 축하하는 통신사 파견을 요청했다. 조선 측에서는 그 서한이 오만하고 히데요시가 왕에게서 정권을 찬탈했다는 의심을 가지고 있었기에 사절 파견을 단념했다. 하지만 히데요시는 더욱더 가까운 시일 안에 조선 국왕의 알현을 요구했다. 이에 대해 소 씨는 1589년 3월, 소 씨의 외교고문으로 1587년 쓰시마에 이테이안(以酊庵)을 세운 하카타 쇼후쿠지(聖福寺)의 고승 게이테쓰 겐소(景轍玄蘇)를 정사, 소 요시토모를 부사로 한성에 보내 통신사 파견을 다시 요청했다. 집요한 요청과 일본 사정의 탐색의 필요가 있어 조선 측에서는 쓰시마에 살면서 왜구의 앞잡이 노릇을 한 조선인을 잡아 보내는 조건으로 마침내 황윤길과 김성일을 정사와 부사로 한 사절 파견을 결정했다. 이것이 히데요시 정권하 최초의 통신사였다.

일행은 무로마치 시대의 통신사와 마찬가지로 의장을 위한 악대를 포함한 사절단을 편성하여 1590년 7월 21일 교토에 도착했다. 그리고 다이토쿠지(大德寺)에서 오랫동안 기다린 끝에 11월 7일이 되어서야 주라쿠다이(聚樂第)에서 히데요시를 알현했다. 이때 역시 히데요시의 태도는 오만했고 회답국서도 일행이 교토를 떠나 사카이에 도착한 후 전해졌다. 그 내용은 조선 국왕을 '각하(閣下)'라고 부르면서 명을 공격할 때에는 선도를 맡으라는 명령이었다. 히데요시는 통신의 의미를 전연 이해하지 못했고, 동아시아 세계에 일어나고 있는 변동의 틈새를 오직 무력의 힘으로 비집고 들어가려고 했다.

쓰시마의 소 씨는 조선 측에 히데요시의 요구는 "명에 들어가기 위해 잠시 길을 빌리자(入明假道)"는 것이라고 설명했지만, 중국과 책봉 관계에 있던 조선국에서 받아들일 리가 없었고, 결국 1592년 침략 전쟁 임진왜란이 시작되었다.

임진왜란과 통신사

히데요시 정권하에서 또 한 번 통신사가 일본에 파견되었다. 정사는 황신, 부사는 박홍장이었다. 1596년의 일이다. 조선에서의 전황은 전쟁 초기만 일본 측에 유리하게 전개되었을 뿐 각지에서 의병 봉기, 명군의 파견, 조선 수군의 활약으로 일본군은 갑자기 보급로가 차단되었고 평양도 한성도 포기해야 했다. 그후 명군의 심유경과 고니시 유키나가(小西行長)가 주도한 강화교섭이 시작되었다. 이해에 명나라 사절이 일본에 왔고, 그보다 조금 늦게 조선의 통신사가 사카이항에 도착했다. 당시 명나라 사절이 가지고 온 황제의 국서에는 히데요시를 일본 국왕에 책봉한다는 내용이 있었다.

이것은 히데요시 정권을 승인한다는 의미를 가지지만, 히데요시가 제안한 조선의 남쪽 사도(四道)의 할양, 왕자의 인질 등 일곱 개의 조건은 전혀 언급하지 않았다. 그래서 히데요시는 화가 나서 두 번째 침략을 명령했다. 이때 히데요시는 조선통신사를 만나려고 하지 않았다. 기타지마 만지(北島万次)는 조선이 철저하게 항전의 태세를 보이며 화의 조건의 하나인 조선 왕자를 데려오지 않았기 때문이라고 했다〔『히데요시의 조선 침략(秀吉の朝鮮侵略)』〕. 두 번째 침략에 대하여는 예수회 선교사가 쓴 『일본서교사(日本西教史)』에 의하면, 히데요시가 명의 책봉을 받지 않기 위해서는 다시 조선을 무력으로 탈취하는 외에 다른 방법이 없었다는 것이 그 이유라고 말하고 있다.

히데요시의 죽음과 철병

제2차 침략인 게이초노에키(정유재란)는 제1차 침략인 분로쿠노에키(임진왜란) 때와 그다지 다르지 않게 14만 명이 동원되었다. 이때 히데요시는 바다를 건너는 무장들에게 "적국(赤國)은 남김없이 공격하여 차지하고, 청국(青國) 등 나머지 지역은 가능한 한 진군하여 차지할 것”〔「조선정벌어조목(朝鮮征伐御條目)」〕을 명령했다. 적국이란 곡창 지대인 전라도이고, 청국이란 그 북쪽 충청도이다. 이제는 명 정복은커녕 수도 한양 탈취를 전략에 넣는다는 것이 처음부터 불가능했다. 전라도가 공격의 대상이 된 것은 출전한 다이묘들에게 비옥한 토지를 주어 은상으로 삼아야 했기 때문이다. 다시 말해 강화교섭에서 히데요시의 요구가 전혀 받아들여지지 않아 뒤에 실력으로 탈취하는 것 외에는 달리 방법이 없었던 것이다.

결과는 히데요시의 기대와는 전혀 달랐다. 이 전쟁은 많은 민간인의 희생을 가져왔고, 전의를 완전히 상실한 일본군에 의해 방화, 약탈, 귀 베기, 납치연행(제1장에서 언급한다) 같은 잔혹 행위가 각지에서 저질러졌다. 일본군은 충청도를 넘어서지 못했고,

임진왜란(분로쿠 · 게이초노에키) 관계 지도

가토 기요마사(加藤清正)는 경상도 동남부인 울산에 성을 쌓았다. 그러나 완성을 보지 못한 채 명과 조선의 대군에 포위되어 심각한 식량과 물 부족 상태가 되어 함락 직전까지 고전을 면치 못했다. 1598년이 되자, 일본군은 해안가에 쌓고 왜성이라고 부르던 성안에 틀어박혀 있었고, 전선의 무장들은 전선 축소를 요구했다. 같은 해 8월 히데요시가 병을 얻어 죽자, 후사를 부탁받은 도쿠가와 이에야스와 마에다 도시이에(前田利家) 등은 그의 죽음을 비밀로 하고 일본군을 한반도에서 철수했다.

왜구의 도발과 유럽 세력 사이에서 동요하기 시작한 동아시아 세계에 진출하여 명 제국의 패권에 도전하고자 했던 히데요시 정권의 기도는 이렇게 하여 무참하게 무너졌다. 그와 더불어 일본의 조선 침략으로 양국 사이에는 쉽게 치유할 수 없는 깊은 상처가 남게 된 것이다.

제1장

국교 회복에의 길

일본군의 잔혹 행위와 피로인의 송환 문제

서장에서 서술한 도요토미 히데요시가 시작한 조선 침략 전쟁을 일본에서는 일반적으로 분로쿠・게이초노에키(文祿・慶長の役), 한국에서는 임진왜란・임진전쟁・정유재란이라고 한다. 모두 그해의 간지를 붙여서 부른 것이다. 이 책에서는 기본적으로 임진왜란・정유재란으로 부르기로 한다. 이 전쟁을 비참하다고 말하는 이유는 비전투원인 무수한 민중이 전쟁에 휘말려 희생당했기 때문이다. 조선 측에서는 지방 세력가인 양반에게 고무되어 각지에서 궐기한 민중이 의병으로 전투에 참여했지만, 일본군에 의한 무자비한 약탈・방화・납치연행 그리고 귀 베기 등의 잔혹 행위가 이어졌다. 예를 들어 정유재란 때, 군 감시역이던 오타 가즈요시(太田一吉) 부대의 오코우치 히데모토(大河內秀元)는 저서 『조선기(朝鮮記)』에 다음과 같이 기록했다.

내륙부에서 행해진 전투 도중 (인솔하고 있던 군대의) 사람들이 매우 난폭하게 약탈을 실시했다. 히데모토(秀元)도 일본으로 돌아갈 때의 선물로 비단, 금란, 여덟 번 꼰 노끈(八絲), 무늬 없는 비단(無

綾), 둔자(鈍子), 다양한 문집 등을 날마다 강탈했다. 오늘 약탈한 것이라도 다음날 더 좋은 것을 찾아내면 먼저 약탈한 것을 태워 버리는 등, 비교할 수 없을 정도로 훌륭한 것만을 골라내어 실로 370권이나 강탈했다.

히데모토는 이 약탈물을 다른 사찰의 보물과 함께 어머니에게 선물하려 했으나, 울산 농성전이 한창일 때 다른 사람의 약탈물과 모조리 태워 버리고 말았다.

방화도 엄청났다. 경상도 상주에서는 "대불전이 불에 탔고" "한양의 집들이 30여만 칸이나 남김없이 불탔는데, 밤중까지 그 불빛이 선원리까지 대낮같이 훤하게 비쳤다." 또 경주에서도 "사찰에 불이 나서 사흘 동안이나 금중전(禁中殿)을 위시해서 하나도 남김없이 타버렸다"고 기록했다.

사람들의 납치에 대해서는 오타 가즈요시 군의 승려병으로 동원되었던 분고(豊後)의 우스키(臼杵) 안요지(安養寺) 승려 교넨(慶念)이 『조선일일기(朝鮮日々記)』 가운데 자세히 기록하고 있다. 그에 따르면, 일본에서 상인들이 부산에 왔는데 경상도 서부에서 "동(8월) 6일에는 들이든 산이든 성이든 모든 것에 불을 지르고, 사람을 죽여서 대나무 통에 (잘라 버린 사람의) 목을 묶는 등 횡포가 한이 없었다. 부모는 살해당한 아이를 생각하여 한탄하며 슬퍼하고 아이는 (살해당해) 없어진 부모를 찾아 헤매는, 이렇게 잔인하고 불쌍하고 슬픈 모습은 처음 보았다." "같은 달 8일에도 고려 사람의 아이를 유괴하고 부모는 죽여 버려 두 번 다시 만날 수 없게 했다. 부모와 자식 간에 슬픈 소리는 마치 간수에게 고문을 받아 지르는 소리 같았다."

이뿐 아니라 "손에 굳은살이 있는 자는 모두 죽였는데, 나중에는 귀를 베고 목숨은 구해 줬다"고 기록했다. 많은 비전투원의 귀 베기가 행해진 것이다. 이와 같이 일본군에게 납치되어 일본 각지에 이송된 자는 3만 내지 5만 명에 이른다고 하나, 정확한 숫자는 알 수 없다. 전쟁 종결 후, 다행히 귀국한 사람들의 수는 3천 수백 명 내지 최대 7천 명 정도에 불과했다. 이 피로인(被虜人) 송환 문제가 국교 회복 과정에서 하나의 단서가 되었고, 강화 후에는 일본에 파견된 사절의 주요 목적이 되었다. 그러나 송환되지 못한 사람들과 그 자손은 여러 이유에서 일본에 잔류하게 되어 조국 땅을 밟아 보지도 못하고 일본이라는 타향에서 생을 마쳤다.

전후의 쓰시마와 무역재개교섭

그러면 그동안의 쓰시마 소 씨의 동정을 살펴보자. 쓰시마는 임진왜란 당시 고니시 유키나가의 제1군 휘하에 5천 명의 동원을 명령받았다. 정유재란 때에도 고니시군 1만 4천 명 휘하 2천 명의 군역을 명령받았으나, 평상시 소 씨는 이 정도의 병력을 거느리고 있지 않았으므로 죄인을 고용하여 수를 늘리거나 농민을 인부로 쓰거나 어민을 뱃사람으로 고용하는 방법으로 계산을 늘

려야 했다. 또 쓰시마는 최전선이어서 바다를 건너는 16만 대군의 선박과 군량의 보급이나 진지, 숙영 등에 힘을 보태야 했다. 히데요시는 이에 대한 대가로 쓰시마에 조선령의 거제도를 준다고 약속했지만, 히데요시의 죽음과 전군 철퇴로 전쟁이 끝나자 공수표가 되고 말았다.

전후에 쓰시마는 극심하게 피폐했다. 쓰시마에 있는 「스가와 가문서(洲河家文書)」에서 "어떻게든 본진으로 돌아오라고 했으나, 사람의 수는 점점 줄어들고 있었다"라고 한 것처럼 노동력이 부족했다. 또 스스로 백성 신분을 유지할 수가 없어 고용된 백성(예속적인 농민)으로 전락하거나 도망하는 자가 나오는 형편이었다. 이러한 상황은 도쿠가와 이에야스 등 히데요시를 계승한 수뇌부도 알고 있었던 것 같은데, 1599년 1월 히데요시 시대에 지급된 사쓰마 이즈미군(出水郡) 안에 있는 영지 1만 석 대신 히젠(肥前)의 1만여 석, 그리고 같은 해에 쌀을 현물로 1만 석 주었다. 그러나 조선과의 무역이 단절된 것이 더 큰 문제였다.

쓰시마에서는 영주 소 씨와 휘하의 가신단 모두 교역에 의한 이익을 바탕으로 재정을 확립하고 있었기 때문에 국교 회복까지는 어렵더라도 조선과의 무역재개교섭이 가장 시급했다. 전후의 교섭 과정에 대해서는 쓰시마와 조선 측 사료에 자세히 나와 있는데, 쓰시마는 대체로 1598년 말부터 부산에 사자를 파견하기 시작했다.

그러나 조선에 간 사자는 돌아오지 않고 응답도 없었다. 이듬해 1599년 6월 가로인 야나가와 시게노부(柳川調信)가 서계를 가지고 사자로 파견되었다. 이 시기의 사자 파견은 아마 쓰시마 단독의 판단이었을 것이다. 도쿠가와 이에야스는 아직 오대로(五大老)[17]의 우두머리였지만 천하의 패권의 향방은 분명치 않았고, 소 씨는 이에야스를 따르는 입장이 아니었다.

그러나 1600년 2월, 세키가하라전투 이전에 사자를 파견하여 조선과의 강화가 이에야스의 의사임을 알리고 피로인 약 200명을 송환했다. 그리고 같은 해 6월에는 소 요시토모, 데라자와 마사나리(寺沢正成), 고니시 유키나가와 연명으로 서한을 보냈다. 이 서한이 이에야스의 의사를 어느 정도 반영했다는 논자가 있으나, 실제로 소 요시토모는 고니시가 장인이므로 세키가하라전투에서 서진에 속해 있었고, 그러한 인연으로 이에야스의 지시를 받았다고 보는 것이 자연스럽다. 이에야스로서도 천하의 귀추가 명확해진 단계에서 히데요시의 전후 처리에 임할 수 있었을 것이다. 그렇다면 쓰시마의 소 씨로서도 무로마치 정권하에서와 같이 독자적 판단과 계략으로 조선과 교섭하기는 어렵다는 점을 알고 있었을 터이다. 이 시점에서 조선 역시 쓰시마의 소 씨를 상대로 하는 교섭의 한계를 알고 있었을 것이다.

---

17. 대로는 에도 막부의 직제. 쇼군의 보좌역으로 필요에 따라 노중 위 최고직이 되기도 했다. 한마디로 집정 기관의 최고 책임자를 가리킨다. 도요토미 정권의 오대로는 도쿠가와 이에야스, 마에다 도시이에(前田利家), 모리 데루모토(毛利輝元), 우키타 히데이에(宇喜多秀家), 고바야카와 다카카게(小早川隆景)이다. — 옮긴이 주

대일교섭으로

조선 측은 당시 쓰시마에게 재차 명군이 조선에 주둔하고 있었다는 점, 그래서 함께 참전했던 명군 사령관과의 조정 없이는 강화교섭을 할 수 없다는 점을 설명했다. 이것을 차중지계(借重之計)[18]라고 한다. 그러나 사실상 명군의 장기 주둔은 조선 군민에게 부담이 되었고, 또 일본에서의 패권이 도쿠가와 이에야스에게 돌아가는 것이 분명해졌으므로 하루빨리 조선의 독자적인 판단으로 대일교섭을 진행시킬 필요성이 생겼다.

그래서 조선 측은 자주적으로 판단하여 쓰시마에 대해서는 강화를 허락하고 장차 부산에서의 무역에 의한 기미정책을 취하는 한편, 쓰시마를 통해서 도쿠가와 정권의 진의와 세키가하라전투 후의 일본 정세를 탐색하려고 했다. 이 같은 목적으로 1602년 11월, 전계신과 손문욱을 쓰시마에 파견했다. 두 사람은 조선 침략에 대한 일본의 사죄와 피로인 전원의 송환을 강력하게 요구했고, 쓰시마는 조선에 통신사 파견을 요청했다. 이해 10월에는 경상도 하동의 유생으로 사쓰마에 잡혀 갔던 김 광이 쓰시마의 외교승인 게이테쓰 겐소(景轍玄蘇)와의 필담 기록을 가지고 귀국했다. 겐소는 "막부로부터 평화교섭을 명령받았으나, 아직 합의에 이르지 못하고 일이 지연되어 요시토모와 더불어 실패하게 된다"고 했다. 그렇게 되면 경우에 따라서는 소 씨의 책임 문제가 표면

18. 다른 이유를 들어 문제를 피함.

화되고, 이에야스의 재침략이 있을 수 있다고 했다.

그런데 1602년 4월, 가토 기요마사(加藤淸正)가 복건의 명군 사령관에게 서한을 보내 조선과의 조기 강화를 요청하고 중국인 포로를 송환했다. 실은 이 이전에 조선 주둔 명군은 방침을 바꾸어 대일교섭에는 간섭하지 않으며 군사 지휘권을 포기하고 철군할 것을 표명했다. 기요마사는 이를 알지 못하고 조선 측 몰래 명에 서한을 보냈는데, 결국 이 일로 조선의 불신을 샀다. 그 때문에 쓰시마 측은 조선에 애써 변명을 해야 했고, 조선에 대하여 쓰시마만이 이에야스의 신뢰를 받아 행동하고 있다고 설명했다.

탐적사 송운 대사

이 시점에서 조선 조정은 한시라도 빨리 도쿠가와 이에야스의 진의를 알 필요가 있다고 판단했다. 따라서 우선 송운 대사 유정과 손문욱을 쓰시마에 파견하여 쓰시마의 향국혁심(向國革心)[19]을 확인하고 강화 성립 후 무역을 열 것을 통보하고 쓰시마 측이 이에야스와의 회견을 알선한다면 못이기는 것처럼 그들을 따라가서 일본의 국정을 충분히 살펴보고 오도록 했다. 이 사절단의 명칭을 탐적사로 했다.

송운 대사는 전쟁 중 국왕의 격문에 응하여 의승병단을 지휘

19. 조선에 강화에 대한 성의를 표하고 과거를 반성하는 마음.

하여 평양 등지에서 일본군과 싸웠다. 불교는 고려 시대 이래 호국과 신앙을 강조했기 때문이다. 또 송운 대사는 부산 동쪽의 서생포 진영(울산시 남쪽의 왜성)으로 가토 기요마사를 찾아가 조선을 배제하고 진행하던 명과 일본 간의 강화교섭 상황과 히데요시의 강화 조건을 탐지해 내는 데 성공한 호걸승이었다.

조선 측으로서는 일본이 먼저 사죄를 하지 않는 단계에서 공식적으로 사절을 파견할 수 없었다. 또한 쓰시마나 일본 측에게 어느 정도의 약속이 가능한지도 알 수 없었다. 그래서 민간인이지만, 일본에도 이름이 알려져 있는 승려인 송운 대사가 유일한 적임자로 임명된 것이다.

송운 대사 유정이 수행원 손문욱, 통사 박대근과 함께 「개유서(開諭書)」[20]를 가지고 쓰시마에 도착한 것은 1604년 8월이었다. 소 요시토모는 가로인 야나가와 시게노부를 이에야스에게 급파하여 대사의 처우에 관해 물었다. 소 씨의 입장에서 보면, 무역재개의 기미가 보인 이때야말로 도쿠가와 정권의 기본적인 대조선정책을 알리고 국교를 회복하는 것이 쓰시마, 나아가 이에야스의 의사임을 보여 주는 천재일우의 기회였다.

송운 대사는 쓰시마에 도착한 후, "일본이 성심을 가지고 있다면 명에 주문하여 화호(和好)를 맺을 것이다"〔게이테쓰 겐소, 『선소고(仙巢稿)』〕라고 말했다. 이러한 태도는 이보다 앞서 조선의 예

20. 두 나라 사이의 강화를 인정하고 장래에 무역을 허가하는 문서.

조가 소 요시토모에게 보낸 서한에서도 확인된다. 말하자면, 조선 측은 두 나라 사이의 국교 회복이 일본 측의 태도에 따라 결정된다는 뜻을 분명히 한 것이다. 명나라를 내세우는 차중지계를 전술로 이용하면서 일본 측의 책임을 물었던 것이다.

한편 이에야스로서도 대사와의 회견은 도쿠가와 정권의 명확한 의사를 표명할 수 있는 좋은 기회였다. 그리하여 이에야스는 1605년 3월, 자신이 교토에 가기 때문에 대사를 교토까지 안내하여 오도록 야나가와에게 전했다. 이리하여 송운 대사는 소 요시토모, 게이테쓰 겐소 등과 그해 말 교토에 갔다. 이에야스를 기다리는 동안 대사는 세이쇼 조타이(西笑承兌)를 비롯하여 우세쓰즈이호(有節瑞保) 그리고 젊은 하야시 라잔(林羅山) 등 교토의 이름난 문인들과 교류하면서 조선의 문명을 일본에 알리게 되었다. 나라와 나라 사이의 신뢰 관계를 만드는 데에는 사람과 사람의 만남, 문화의 상호 이해가 매우 중요하다는 사실을 잘 알 수 있는 계기가 되었다.

송운 대사와 이에야스의 회견

도쿠가와 이에야스와의 회견은 1605년 2월 20일(두 번째는 3월 4일) 후시미성(伏見城)에서 이루어졌다. 처음에는 형식적 알현이었고, 두 번째는 혼다 마사노부(本多正信)와 세이쇼 조타이 등을 통해 실무적인 회담이 행해졌다. 이 회견에서 이에야스가 말한 내용은 대단히 중요하다.

이에야스는 "나는 임진 때에 간토(関東)에 있었기 때문에 전쟁에는 관여하지 않았다. 조선과 나는 원한이 없다. 통화(通和)를 청한다. 이것을 요동순무진(遼東巡憮鎭)[21]의 각 아문(명의 수비군 사령관)에게 알려 주기 바란다"〔『고사촬요(故事撮要)』 권상〕라고 했다. 실제로 이에야스는 임진왜란 당시 히데요시로부터 1만 8천의 군역을 부과받아 전선 기지인 히젠 나고야(名護屋)에 출진했고, 거기서 히데요시 편에서 도해한 다이묘들과 연락을 하고는 있었지만, 이에야스의 본심은 이 침략 전쟁에 그다지 적극적이지 않았던 것으로 전해지고 있다.

어쨌든 송운 대사는 도쿠가와 이에야스로부터 명과 조선의 관계를 알고 있는 이상 재침략할 의사가 없다는 언질을 받아 내는데 성공했다. 지금까지 이에야스는 일이 순조롭게 진행되지 않으면 다시 출병할 수도 있다는 발언을 했지만, 이후 그의 주변에서 이 같은 말은 사라졌다. 송운 대사와의 회견에서 이에야스 자신도 약속하게 되어, 여기서 조선과 일본국교 회복에의 기본 노선이 열렸다고 볼 수 있다.

또 송운 대사는 피로인의 송환을 강력하게 요청했고, 막부는

21. 명 · 청 시대에 요동 지역을 관할하던 지방장관. 명나라는 처음에 도지휘사 · 포정사 · 안찰사 등을 두어 각 지방의 군사 · 행정 · 감찰 업무를 관장했는데, 중기 이후부터 새로이 순무가 설치되어 포정사 등의 위에서 지방장관의 실권을 차지했다. 청나라 때에는 순무가 1개 성을 지배하게 되어 1~3개 성을 관할하는 총독과 함께 황제에게 직속되었다. — 옮긴이 주

성의를 가지고 임할 것을 약속했다. 그 결과 송운 대사가 귀국할 때 1천 390명 전후의 피로인이 고국 땅을 밟을 수 있었다. 일설에는 3천 명이라고 하지만, 그 근거는 희박하다. 이에야스가 송운 대사와의 회견 후 다이묘들에게 송환을 지시했으나, 한 번에 그렇게 많은 피로인을 쓰시마에 집결시키기란 상당히 어려운 일이었을 것이다. 어쨌든 쓰시마가 최대한의 노력을 기울여 이 정도의 대량 송환이 가능했을 것이다.

이때 귀국한 사람들 가운데 임진왜란 당시 동래부사 송상현의 첩이 있었다. 그녀는 비록 일본에 잡혀 왔지만 수절을 굳게 지키며 죽음을 각오하고 있었다. 이에 일본 사람들은 경의를 품게 되었고, 집을 마련하여 피로인 가운데 한 여성에게 호위를 맡겼다. 그리고 이때 무사히 귀국할 수 있었다고 한다〔경 섬, 『해사록(海槎錄)』〕.

송운 대사는 이에야스와의 회견 후, 같은 해 3월 21일 오쓰(大津) 방면에서 교토에 온 이에야스의 아들 도쿠가와 히데타다(德川秀忠)의 행렬을 만났다. 히데타다는 이후 곧바로 제2대 쇼군이 되었다. 이에야스로서는 도쿠가와 정권이 더 이상 흔들리지 않는 지위에 있다는 사실을 보여 주고 싶었을 것이다.

또 이에야스는 쓰시마번에 은상 몇 가지를 내렸다. 우선 히젠 국내에 2천 800석을 더 주었다. 또 2년마다 행하는 참근교대(參勤交代)[22]를 3년으로 완화했다. 이때 대사와의 회견을 성공으로 이

22. 이 정책은 도요토미 히데요시가 센고쿠다이묘의 처자들을 오사카성·

끈 겐소에게는 자의(紫衣)를 내리고, 소 요시토모에게도 그 공을 치하하고 '번의 임무'로 조선 외교를 계속 담당할 것을 명령했다.

이와 같이 송운 대사의 일본 파견을 계기로 조선 · 일본의 관계는 하나의 벽을 넘었다. 우선 무엇보다 일본 왕권을 짊어진 도쿠가와 정권이 교섭의 주역이 되고 쓰시마는 부산에서의 교역의 당사자가 되었지만 일본 외교를 대표하는 입장에서는 후퇴했다는 점, 그리고 도쿠가와 이에야스에게 강화의 언질을 받음으로써 일본의 재침략이 없을 것이라는 사실을 확인했다는 점, 더욱이 조선 측으로서는 매우 중대한 전후 처리 과제인 피로인 송환에 대하여 어느 정도의 협력을 보장받았다는 점 등이다.

쓰시마로서는 송운 대사가 가져온 「개유서」에 의해 국교 회복 후 무역을 약속받았을 뿐만이 아니라, 이후 쓰시마가 조선국과 교섭하는 데 있어 중앙정권인 도쿠가와 씨의 의향을 반영하고 있음을 조선 측에 알렸다는 점 역시 커다란 성과의 하나였다.

그후 쓰시마는 여러 차례에 걸쳐 하루빨리 통신사를 파견해

주라쿠다이(聚樂第) · 후시미성에 살게 한 것을 계승 · 보완한 것으로, 다이묘들을 통제하는 것이 목적이었다. 1635년 법을 제정할 때 이미 관례화되어 있었으며 1862년까지 지속되었다. 모든 번의 다이묘가 정기적으로 에도와 그들의 영지를 오가게 하는 것으로, 다이묘의 처자들은 에도에 인질로 남아 있어야 했다. 두 곳의 거처를 유지하고 에도로 행렬하기 위해서는 많은 지출이 필요했고, 이것이 다이묘의 재정을 압박하여 전쟁 비용을 마련하기 어렵게 했다. 다이묘들의 빈번한 여행은 도로와 여관 등 숙박 시설의 건설, 경제 활동을 촉진했다. — 옮긴이 주

줄 것을 조선에 재촉했다. 그리고 송운 대사 파견 이전과 마찬가지로 피로인의 송환을 계속하면서 조선에 성의를 표하고 과거를 반성하는 자세를 보였다. 조선 측에서는 여전히 일본의 새로운 정권에 대한 경계심이 강했지만, 넘어온 외교의 공을 받아 던질 단계에 이르렀다는 인식이 급속하게 확산되어 갔다.

조선의 복교 두 조건과 국서 개서 문제

송운 대사의 귀국 보고를 받으면서부터 조선 조정에서는 이후의 대일 외교 방침에 대해 재삼 거론했다. 그 결과 1606년 6월, 최종적으로 두 개의 조건을 정리해서 쓰시마에 전했다. 그 조건이란 쓰시마에 대하여는 기미정책을 지속하여 장래의 무역을 허화하는 자세를 취하는 한편, 도쿠가와 이에야스에게는 전쟁 중에 한성부 내 왕릉을 파헤친 범인을 붙잡아 보낼 것, 일본 국왕의 명의로 서한을 조선에 보낼 것이었다.

그리고 같은 해 8월에 전계신을 파견하여 이 두 조건 이행의 독촉과 이에야스의 태도를 정탐하도록 했다. 이때 전계신은 쓰시마에서 「내부서등(内府書謄 : 이에야스가 보낸 서계를 등사한 것)」을 보게 되었는데, 그는 내용이 불손하며 왕릉 훼손범 문제를 언급하지 않고 있다는 것을 문제 삼아 그 문서의 개작을 강하게 요구했다.

10월 20일 부산에 돌아온 전계신은 조정에 쓰시마 번주 소 요시토모와 가로 야나가와 시게노부에게서 이에야스의 국서를 고쳤으며 왕릉을 파헤친 범인을 가까운 시일 안에 보내겠다는 통지를 받았다고 보고했다. 그리고 11월 8일에는 소 씨의 가신인 다치바나 도모마사(橘智正)가 일본 국왕 인이 찍힌 이에야스의 국서와 마고 사쿠(麻古沙九), 마타 하치(麻多化之)라는 두 사람의 젊은이를 범인으로 송치해 왔다.

이 같은 경위로 조선이 제시한 두 조건은 매우 쉽게 성취된 것으로 보였다. 그러나 이는 모두 위조된 것이었다. 선조는 왕릉 도굴범이라는 두 사람의 나이가 지나치게 젊어 참전했던 일본군 병사라고 인정하기 어렵다고 판단했다. 이에야스의 국서는 전계신이 쓰시마에서 교섭한 후 바로 도착한 데다 이에야스가 명의 책봉을 받지 않았음에도 불구하고 일본 국왕 인을 사용했으며, 그 또한 예전에 쓰던 것이어서 의심을 받았다. 사실 이 국서의 진위를 둘러싸고 일본과 한국의 연구자 사이에는 많은 논쟁이 있다.

일본에서는 나카무라 히데타카(中村栄孝), 다나카 다케오(田中健夫), 다시로 가즈이(田代和生) 등이 이에야스 국서는 쓰시마가 국교 회복의 타결을 서두른 나머지 조선 측에 받아들여지도록 위조했다는 입장이다. 한편 다카하시 기미아키(高橋公明), 가미야 노부유키(紙屋敦之), 민덕기 등은 이에야스 국서는 이에야스 자신의 의사에 따라 발급되었다고 본다.

이 문제에서 중요한 점은, 앞에서 설명한 것처럼 1605년 8월 쓰시마에서 전계신이 보았다는 「내부서등」이 존재하며 쓰시마에 도착했다는 것이다. 그러나 그것이 국서의 체제를 갖추고 있었는지, 혹은 쓰시마 소 씨에 대한 이에야스의 지시서인지는 알 수 없다. 또 일본 국왕 인이 있었지만, 명의 연호가 쓰여 있었는지도 불명확하다. 이것들은 모두 조선 측이 기대하던 것이지만, 전계신은 그에 대해서는 언급하고 있지 않다. 전계신의 요구를 받아들여서 이에야스가 개서에 동의했다는 확실한 증거는 없다. 이에야스의 설득에 필요한 시간도 쓰시마와 이에야스가 있던 슨푸〔駿府 : 현재의 시즈오카(靜岡)〕의 왕복 연락 시간도 지나치게 짧다. 쓰시마가 이에야스의 최종 판단을 기다리지 않고 앞의 「내부서등」을 개서한 것으로 보인다.

어쨌든 공은 다시 조선 측으로 넘어갔다. 조선 조정에서는 이에야스 국서를 둘러싸고 대응책이 논의되었다. 그리고 조선 조정에서는 앞으로의 대일 외교 방침을 둘러싸고 재차 논의가 있었다. 우선 통신사 파견에 대해서는 응하기로 하고 준비에 착수했다. 조선의 두 조건을 일본이 받아들인 이상 다시 교섭을 단절하는 일은 피하기로 했기 때문이다.

1606년 9월, 조선 조정의 외교 문제를 담당하던 예조에서는 논의를 거쳐 선조가 일본에 사절을 파견할 것을 결정하고, 그 사신의 명칭을 '회답사(回答使)'라고 했다. 이것은 명이 조선의 대일 외교는 조선 스스로에게 맡긴다는 점을 분명히 한 것이고, 일본에서 서한을 먼저 보내와야 한다는 조건을 의미하는 것이다. 그래서 사절의 명칭을 당연히 그에 대한 회답사로 해야지 통신의 이름은 타당하지 않다고 했다. 한편 왕릉 도굴범의 처벌에 대해서도 진위를 쓰시마에 물을 것인가 말 것인가를 거듭 논의했으나, 문제를 악화시키지는 않았다. 쓰시마가 이에야스로부터 처벌을 받는다면 문제가 더욱 복잡해질 것을 우려했기 때문이다. 그래서 두 사람이 진범이 아니더라도 왕가의 종묘에 보고하고, 민중에게 일본 측의 사죄 의사가 알려지게끔 하는 형태를 취했다. 그리하여 두 사람이 필사적으로 자신들은 도굴범이 아니라고 항변했음에도 불구하고 회답사의 출발 전에 한성부 내에서 처형되었다.

제1회 회답겸쇄환사의 출발

1607년 3월, 임진왜란 이후 첫 사절단이 일본 땅을 밟았다. 구체적으로 말하자면 일행의 한성부 출발은 1월 12일, 부산 출항이 2월 29일, 쓰시마의 부중〔이즈하라(厳原) : 현재의 쓰시마시〕 출발이 3월 21일, 4월 8일 오사카 도착, 4월 12일 교토 도착, 그리고 드디어 5월 24일(이상의 날짜는 모두 조선력) 에도에 도착했다. 일행의 총 인원은 504명이었다. 이후의 통신사도 500명 가까운 인원이었는데, 여기서 왜 이렇게 규모가 커졌는가에 대하여 알아보도록 하자.

이 시기 『조선왕조실록』이나 『비변사등록(備邊司謄錄)』 등에도 그에 관한 기사가 있지만 누가 썼는지 알 수 없으므로, 저간의 사정을 상세하게 서술하고 있는 『해행록(海行錄)』에서 그 경과를 더듬어 보자.

사절단의 규모를 어느 정도로 할 것인가에 대하여 조정의 중요 관청인 비변사에서 경인년, 즉 1590년 히데요시의 통일 축하 사절의 규모에 준하자는 방침을 결정했다. 또 정사 · 부사 · 종사관을 모두 문관으로 할 것을 제시했는데, 전쟁 중이던 1596년에는 부사가 무관이었다. 이번에는 평화 시대의 도래를 실현하는 사절단으로, 무관은 적합하지 않다고 하여 세 사신 전부 문관으로 했다.

또 인선에 대해서는 관리의 인사를 총괄하는 이조에서 "내외의 상황이 중대하므로 반드시 엄선해야 한다"라며 복수의 후보자를 추천했다. 그리고 예조에는 경인년에 파견되었던 사람을 방문하여 일본 사정을 알아 둘 것, 휴대하는 화물을 준비할 것, 선단은 4척으로 할 것 등을 지시했다. 인원은 다음과 같이 구성하기로 했다.

상(정)사 · 부사의 자제군관(연고자) 각 2명, 군관 6명, 노자 2명, 종사관의 자제군관 1명, 군관 0명

노자 1명, 그 외의 수행원으로서 역관(왜통사) 5명, 한(漢)통사 5명, 서사(書寫) 1명, 의원 1명, 화원(畵員) 1명, 화포수(火砲手) 2명

그런데 파견 인사의 선발 과정에서 일본 측과의 교섭이나 한시문의 응답, 필담 등이 가능한 학관(學官, 후에 제술관이라고 불렀다)이 증가되었다. 그리고 이상의 상급 수행원들에게는 각각 많은 하인이 따랐다. 그들의 숫자는 전례의 기록이 분명치 않아 결과적으로는 크게 늘어났다. 이 외에 소통사 · 취수 · 도훈도(집사) 등이 세 사신에게 각각 붙었고, 그리고 선단의 조선(操船) 책임자인 사공이 각 3~4명, 승선하는 격군(수부)은 4척에 총 360명이나 되었다(경 섬, 『해사록』).

이상의 편성을 보면, 조선으로서는 이 회답사는 국왕의 국서를 도쿠가와 막부에 전달한다는 외교상의 임무만이 아니라 군악대를 포함하여 의례를 내세운 사절단으로 편성했다. 또 각계의 일본인과 교류할 기회를 예상하고 통사 외에 학관 · 서사 · 화원 등을 일행에 포함시켰던 것을 알 수 있다. 즉 조선의 문화를 보여줄 수 있는 인재를 대동하여 문화교류의 결실을 거두는 것을 처음부터 의도하고 있었다.

이러한 다양한 상황을 고려하여 히데요시 시대의 300명을 대폭 초과하여 500명이라는 대규모 사절단이 태어난 것이다. 한번 이러한 전례가 만들어지면, 그것을 축소하기는 매우 어려운 일일 수밖에 없다. 제2회 이후 객선 3척, 화물선 3척으로 총 6척이 되었으나 격군의 수는 반대로 줄이는 경우가 있더라도 상급 수행원의 수는 전회와 같은 수로 유지하려는 노력을 아끼지 않았다.

게다가 일본 측의 일부 기록에는 일행 가운데 임진왜란 중에 조선에 투항하여 잔류했던 일본인 병사가 있었다고 쓰여 있다. 그러한 기록들은 『당대기(當代記)』를 빼고는 모두 후대의 저작물로 대부분 믿을 수 없다. 조선 측에서 그러한 일이 기도되었다면 중대한 논의 과정이 어딘가에 기록되어 있을 테지만 그러한 기록은 전무하다.

『해행록』은 일본 국왕(쇼군)에게 보내는 예물은 당초 다음과 같이 결정되었다고 기록하고 있다.

> 금유(錦紬 : 고급 섬유 제품) 50필, 흑마포 30필, 백저포 30필, 호피 8장, 표피 5장, 인삼 50근

그러나 부사 경 섬의 『해사록』을 보면 이 외에 백금주 50필, 해화석 20장, 후백지 50속, 청밀 10근, 황밀 100근(모두 밀과자의 재료), 청사(어피, 칼집을 만드는 데 쓴다) 10장으로 되어 있어 처음 계획보다 대폭 추가한 것을 알 수 있다. 그 밖에 예조참판이 쓰시마 번주 · 가로인 야나가와 가게나오(柳川景直)에게 보내는 서간과 예물을 준비했다. 이상을 보면 조선 측에서는 전후 처리를 위한 사절이긴 하지만, 위엄과 예의를 다한 사절을 보냈다는 사실을 알 수 있다. 이 시기 사절의 일본 파견에 즈음해서는 북방 여진족군의 활동, 내정 면에서의 정치적 안정 등의 필요성 등이 고려되었을 것이다.

쓰시마번의 조선 무역선이 정박하던 오후나에아토(お船江跡), 지은이 촬영.

또 사절 파견을 통해 일본에서의 조총 구입도 계획되었다. 그러나 일본인과의 밀무역이나 밀통은 엄금되었고, 그 감찰의 임무가 종사관에게 부여되었다. 사절의 출발 직전 회답사의 임무가 추가되어 일본에 잔류하고 있는 많은 피로인의 사실 조사와 조기 송환의 실현이 하나의 임무로 명기하게끔 했다.

따라서 제1회 및 제2회, 제3회 사절단의 명칭은 '회답겸쇄환사(回答兼刷還使)'라고 칭하는 것이 통례이다. 나아가 사절 파견의 목적에는 분명 이제 막 탄생한 도쿠가와 정권의 안정도와 민정을 시찰하고 기록하는 것도 있었을 것이다. 이것을 사람에 따라서는 '탐적'이라고 표현하는 경우가 있다. 그 보고의 하나가 현존하는 부사 경 섬의 『해사록』인데, 그후 사행록(使行錄 : 통신사의 일본 견문록)의 모델이 되고 있다.

부산에서 에도로

그러면 경 섬의 『해사록』에 묘사된 에도 시대 최초의 조선 사절의 족적을 더듬어 보자.

1607년〔게이초(慶長) 12〕 2월 29일, 부산에서 해신에게 항해 안전을 기원하는 기풍제를 지냈다. 이것은 그후 항례가 되었는데, 만의 끝에 있는 영가대(永嘉臺)에서 유교식 의례가 행해졌다. 근년에 이 부근에 사당을 본 뜬 건물이 복원되었다. 기풍제를 지내고 나서 선단은 쓰시마에서 온 수로안내선의 유도를 받아 해협을 횡단했는데, 이때 세 사신은 한 배에 탔다. 2회부터는 6선 체제가 되어 정사 · 부사 · 종사관은 각각 다른 배에 타고 화물선도 각각 별도로 했다.

쓰시마의 동북단에 도착하여 시계 바늘 도는 방향으로 작은 포구들에 정박하면서 드디어 쓰시마 번주 소 씨의 저택이 있는 부중(이즈하라)에 도착했다. 소 씨의 가신 및 하카타(博多)의 쇼후쿠지(聖福寺)에서 마중 온 게이테쓰 겐소가 접대했다. 그곳에 한동안 체류하면서 거친 바다를 항해한 피로를 풀고 화물을 다시 챙기던 것이 관례가 되었다. 번주 저택에서 열린 연회에 참석한 후, 경 섬은 겐소에게 국서와 송환에 대한 진행 상황을 물었다.

경 섬이 말하기를 "관백에게 왕호가 없다는데 사실입니까?"

겐소가 답하기를 "그렇습니다."

경 섬이 말하기를 "지난해 전계신 등이 가지고 온 국서는 이에야스의 것이 맞습니까?"

겐소가 답하기를 "그렇습니다만, 왜 그것을 다시 묻습니까?"

경 섬이 말하기를 "왕호를 쓰지 않으면서 어째서 인신에 일본 국왕이라고 새기고 있는 것입니까?"

겐소가 답하기를 "그것은 지난해(1597년) 천조(명)가 가지고 온 조서와 인신입니다. 그때 관백(히데요시)은 봉왕의 명(일본 국왕으로 책봉함)을 받지 않았는데, 조사〔명사(明使)〕가 두고 간 것을 찍은 것입니다."

우리는 웃으면서 말하기를, 봉왕의 명을 받지 않고 인신을 사용하는 당신들 나라를 알 수가 없다고 하니, 겐소는 쓴웃음을 지으면서 답하지 않았다.

이것은 도쿠가와 이에야스 명의의 국서를 먼저 보내온 경위를 은근슬쩍 얼버무리며 넘어가는 것이 아닐까. 이에야스가 쓰시마에서 조선에 보낸 자신 명의로 된 국서의 내용을 어디까지 알고 있었는지 의문이 남지만, 이에야스가 명 황제가 보내온 인신을 가지고 있고 그것을 사용했다는 증거는 없다. 명의 연호를 사용하고 국왕으로 불리는 것을 이에야스 자신이 인정했다는 증거 또한 없다. 일단 조선 측에 보낸 이에야스 국서의 신뢰성을 높이기 위해 겐소는 이러한 말을 했겠지만, 경 섬은 이에야스 국서의 진위를 그 이상 따져 묻지 않았다.

쌍방이 도쿠가와 이에야스 국서의 발급에 의해 실현된 국교 회복의 과정에 있으며 성공을 도모하는 것이 가장 중요한 외교적 과제이자 전후 처리라는 것을 잘 알고 있었기에 그 정도에 머문 것이다. 조선 측에서는 국서의 진위 문제를 더 이상 언급하지 않았다.

일행은 세토내해(瀨戶內海)를 동쪽으로 항해하여 오사카에 도착했다. 오사카성에는 아직 도요토미 히데요리(豊臣秀賴)가 건재하고 있었다. 경 섬은 오사카성이 견고하다는 것과 히데요리는 기안웅위(氣岸雄偉 : 용기가 있는 성격)하나 사치가 극심하다는 소문을 들었다. 교토에서 일행은 24일간 머물렀다. 막부의 관리는 조선 사절의 도착을 알리는 사자를 에도에 보냈지만 아직 돌아오지 않았다고 했다. 그동안 교토소사대(京都所司代)의 정중한 대접을 받으며 시내의 절과 신사들을 구경할 수 있었다.

교토를 출발하여 하마마쓰(浜松)에 가는 도중 이에야스의 측근 후세 겐포(布施元豊)가 와서 이에야스는 재작년에 이미 쇼군직을 히데타다에게 물려주었으므로 사절은 에도성에서 히데타다에게 조선 국왕의 국서를 전달하는 것이 좋겠다고 했다. 정사는 휴대하고 있는 국서가 이에야스에게 보내는 것으로 되어 있기에 이 제안을 거부했지만, 일본 측은 태도를 바꾸지 않고 에도로 가는 길에 슨푸에서 이에야스와의 만남을 허락하지 않았다. 일행은 하는 수 없이 에도에서 히데타다에게 국서를 전달했다. 형식상으로 보면, 일본 측의 이 같은 무례한 태도를 이에야스가 자신의 명의로 작성된 국서의 존재를 부정하기 위해 거절했다고 보는 견해가 있다. 하지만 조선 국왕의 국서 역시 중간에 쓰시마의 손에 의해 바꿔치기되어 이에야스가 보낸 국서에 대한 회답서 형식을 취하지 않는 것으로 되어 있었다. 그리하여 에도에서 히데타다나 그 측근이 의심을 갖지 않고 조선 국왕의 국서를 받게 된 것이다.

에도성에서의 빙례

1607년 6월 6일, 에도성 오히로마(大広間)[23]에서 국서 전달 의식이 거행되었다. 이를 조선 측에서는 '전명(傳命)'이라고 했다. 쇼군 히데타다는 상단의 깔개 위에 검은색 의관을 갖추고 앉아서 국서를 받았다. 접대를 맡은 자시키(座敷) 봉행은 혼다 마사노부 · 오쿠보 다다치카(大久保忠隣) · 사카이 다다요(酒井忠世) 등 세 사람이었다. 히데타다는 혼다를 통해 사절이 먼 길을 온 노고를 치하하고, 세 사신은 절을 네 번 반 하고 나서 서로 술잔을 바치는 예를 거듭한 후 과자와 차가 나오면서 공식 행사는 끝났다. 이는 하야시 가호(林鵞峯) 편 『역조래빙(歷朝來聘)』(국립공문서관 소장)

23. 4위 이상의 다이묘가 모이는 큰 방. — 옮긴이 주

의 기사에 따른 것이나, 경 섬의 기록과는 현저하게 다르다.

우선 절을 네 번 반 했다는 기사가 없다. 이것은 후에 문제가 된 부분이지만, 주군에 대하여 신하의 예를 취하는 경우에는 절을 네 번 반 하는 것으로 되어 있다. 원칙적으로 대등한 사이라면 절은 두 번 반 한다. 나중에 일본 측이 이 요구를 했을 때, 사신은 눈앞에 있는 조선 국왕의 국서에 절을 네 번 반 했다고 함으로써 분쟁을 피해 갔다. 사실을 알 수 없으나 『역조래빙』의 기사에는 후에 써넣은 듯하다. 경 섬의 기록에서는, 갑자기 관리가 식사를 권하고 오색으로 장식한 식기와 접시가 나오더니 도금 술잔을 히데타다와 사신 앞에 내놓았으며, 히데타다가 먼저 잔을 들어 일행에게 잔을 비우라고 권한 뒤 식사와 과일과 차가 나오고 끝이 났다고 한다. 쇼군이 초대한 연회였다. 히데타다의 인상은 "얼굴 생김새가 용맹스럽고 용감한 기운이 많다"고 했는데, 29세의 자신만만한 젊은 쇼군의 모습을 잘 전하고 있다.

6월 11일, 히데타다로부터 조선 국왕에게 전하는 답서가 훌륭하게 장식한 상자에 담겨 도착했다. 그것을 보니, '미나모토 히데타다(源秀忠)'라고만 쓰여 있고 일본 국왕의 인장이 없었다. 또 연호는 그해의 간지를 썼고, 그 뒤에는 '금년'이라는 의미를 지닌 '용집(龍集)'[24]이라고 했을 뿐 명의 연호는 쓰지 않았다. 그래서

24. 국서에서는 일반적으로 명의 연호를 써서 연대를 표시했으나, 당시 일본은 명의 책봉을 받지 않았기 때문에 '간지용집'으로 연대를 표시했다. 간지는 12간지, 용은 목성, 집은 별이 깃드는 곳을 의미한다. 목성의 성좌가 일

경 섬은 그 자리에서 지난번에 쓰시마가 보내온 국서는 위조한 인신을 찍은 것이라고 판단했다. 쇼군의 뜻으로 보내온 많은 예물을 일행은 고사했지만, 결국은 받았다. 그리고 앞으로 양국 간 교섭에 관한 일은 쓰시마를 시키겠다고 했다. 사신은 거기에 이렇게 답했다.

"일본과 우리나라 사이에는 잊을 수 없는 원한이 있다. 그러나 노장군이 여러 차례 화의를 청하고 먼저 서신을 보내어 전대(도요토미 히데요시)의 잘못을 고친다고 했기에 우리 국왕은 특별히 사절을 파견하여 노장군의 뜻에 응한 것이다. 또 노장군은 이미 자리를 물려 신장군의 대가 되었으므로 우리는 이곳에 왔다. 지금 보니 이웃 나라 사절의 접대에 성의를 보이고 있다. 이것은 양국민에게 다행한 일이다."

이를 듣고 있던 혼다는 "일본에게도 다행한 일이다. 쇼군 또한 기쁨을 금치 못하고 있다"라고 답했다. 사절은 계속하여 조선 예조에 막부 집정(노중이라고도 한다)이 보내는 답서에 피로인 송환에 관한 것을 반드시 넣도록 요구했다. 이에 혼다는 슨푸에 있는 자신의 아들에게 서계를 전해 이에야스에게 품의하여 슨푸에서 정식으로 답서를 전달할 것이라고 했다. 그후 사절은 혼다의 말대로 슨푸에서 보내온 막부 집정의 서계를 받았는데, 글 가운데

년에 한 번 깃드는 것을 비유하여 연대를 표시하는 것을 말한다. — 옮긴이 주

예의에 어긋나는 부분이 있었다. "이 관대한 명령을 (국왕) 전하에게 전하라"라는 명령 투의 불손한 문구가 있었던 것이다.

이와 같이 히데타다의 명의든 집정의 명의든 일본의 답서는 조선에게는 큰 문제였다. 그러나 이 서한들에 경 섬을 비롯한 세 사신이 그다지 항의한 흔적은 없다. 결과적으로 이러한 서한을 그대로 받아 온 것이 '나라를 욕되게 한 죄'에 해당하여 일행은 귀국 후 승진했던 관위가 내려가는 벌을 받았다.

슨푸에서 이에야스의 초대를 받다

드디어 사절단 일행은 에도에서 사명을 마치고 6월 14일 귀국길에 올랐다. 그리고 조선통신사 역사에서 유례없이 가마쿠라(鎌倉)를 유람했다. 이것은 이에야스의 지시였다고 한다. 일행은 쓰루오카하치만구(鶴岡八幡宮) 등을 둘러보고 하코네(箱根)의 험한 고개를 넘어 19일, 슨푸가 가까운 오키쓰〔興津 : 현재의 시즈오카시 시미즈구(靜岡市淸水區)〕의 세이켄지(淸見寺)로 갔다. 동행했던 겐소의 말에 따르면, 이에야스가 히데타다에게 무례한 행동을 삼가고 성신으로 접대하며 회답의 서계도 모름지기 온순하게 하라고 명령했다고 한다.

그리고 이에야스의 호의로 배 5척을 내어 슨푸만을 구경했다. 만에 떠 있는 남만(서양)의 큰 배의 모습에 눈이 휘둥그레졌다고 한다. 당시 이에야스는 주인장을 발행하여 동남아시아 무역에 일본을 참여시키는 등 서양 배의 일본 기항을 받아들였으므로 이상할 것이 없었다. 오히려 이에야스 시대의 적극적인 해외 진출 의욕을 여실히 드러내고 있었다.

다음날 비가 그친 후 세이켄지를 나온 일행은 축성 중인 슨푸성으로 이에야스를 방문했다. 사절의 예물은 서쪽에 진열해 놓고 이에야스는 관복을 입고 바르게 앉아 있었다. 거기서 재배의 예를 행하고 동쪽을 향하여 앉았다. 주변에는 여러 명이 관복을 입고 시종했다. 당시 이에야스는 66세(이하 이 책에서는 모두 세는 나이)로, "신체가 장대하고 기력으로 보아 노쇠한 것 같지 않았다"고 한다. 연회는 혼다 마사즈미(本多正純)의 저택에서 열렸다. 처음에는 혼다가 동석했다가 조선 측을 위해서는 좋지 않다고 생각하여 식사와 술과 차를 내고는 자리를 떠났다. 조금 후 일행에게 이에야스는 예물을, 혼다는 은을 보내왔다. 모두 사절했지만 결국은 받아 귀국 전에 쓰시마에서 야나가와 가게나오 등에게 나누어 주었다.

헤어질 때 혼다는 "양국은 이미 화호를 이루었고 장군은 기뻐하고 계십니다. 이를 의심해서는 안 됩니다. 나의 아버지 마사노부와 내가 살아 있는 한 노력하겠습니다. 이후는 쓰시마를 통해 일을 처리하겠습니다"라고 했다. 이는 결국 현안이던 조선과 일본의 국교가 회복한 직후, 이에야스 · 히데타다 부자와 그 측근의 기쁨을 솔직하게 드러낸 것이라고 말할 수 있겠다.

자국 · 자민족 우월의식과 피로인 송환

그러나 경 섬도 기록하고 있는 것처럼 외교를 하다 보면 혼다 부자 같은 인물만 있는 것은 아니다. 히데요시 시대부터 최고 권력자의 측근에서 외교를 담당해 왔던 교토 쇼코쿠지(相国寺)의 세이쇼 조타이와 같이 자국 · 자민족 우월의식, 즉 조선 멸시 관념을 가지고 권세를 휘두른 인물이 있었다. 사절단이 오사카에 왔을 때, 그는 사절 일행을 예우하기를 꺼려 교토소사대인 이타쿠라 가쓰시게(坂倉勝重)에게 갖가지 간사한 말을 했다. 후에는 곤치인스덴(金地院崇伝) 그리고 하야시 라잔 등이 이 계열에 속한다. 하야시 라잔은 송운 대사가 이에야스와 후시미성에서 회견한 직후인 1605년 10월 중국 복건성 총독에게 보내는 이에야스의 흑인장(黑印狀) 초안을 작성했다. 그 내용 중에 일본 주변의 나라들이 일본의 덕화를 사모하고 있다고 하면서 '조선 입공'이라는 문구를 썼다.

이 시대에도 통치자 측에서 펼치는 통치자의 대외정책과는 별개로 자국 · 자민족 우월의식을 가진 자가 승려나 속인을 불문하고 지식인층에 존재하고 있었음을 말해 준다.

사절단의 또 하나의 사명인 피로인의 조사와 송환에 관하여는 앞서 언급한 바와 같이 에도의 노중이 예조에게 보내는 서한에 노력할 것을 약속한다는 내용이 들어가도록 했다. 그리고 쓰시마에서 에도에 왕복하는 동안 피로인이 객관으로 찾아오면 즉시 동행하여 귀국할 것을 권했다. 그러나 일본 주인이 귀국을 허락하지 않는다든지, 이미 일본인과 혼인하고 있어 설득 작업은 순조롭지 않았다. 귀로에 오사카의 항구에서는 남녀 수십 명이 도망쳐 와서 승선을 요청했다. 사신은 자신들의 배와는 별도로 8척의 배를 빌려 피로인들을 승선시켰다. 기내(畿內) 각 지역 외에 아카마가세키〔赤間関 : 현 시모노세키시(下関市)〕에서 100여 명, 지쿠젠〔筑前 : 현 후쿠오카현(福岡縣)〕의 아이노시마(藍島)에서도 하카타로부터 100여 명, 히젠〔현 사가현(佐賀縣)〕의 나고야에서 140명 그리고 이키(壱岐)와 쓰시마의 각지에서 온 사람들을 합쳐 약 1천 300명이나 되었다.

조총 등의 무기는 교토에서 장검 100자루를, 오사카 체류 중 일행 가운데 군관을 사카이에 파견하여 조총 500자루를 입수할 수 있었다. 이것은 북방이 불안했던 당시의 조선 사정 때문이다.

제1회 방일사절의 의의

여기서 에도 시대 제1회 조선 사절의 의의를 정리해 보면, 우선 통신사의 내일(来日)은 쓰시마 번주의 노력이 당연히 있었지만 양국의 의사가 직접 확인됨으로써 실현된 것이며, 중국이 양국의 자주적 판단에 맡겼다는 점에 의미가 있다. 다시 말해 이 시기에 동아시아를 둘러싼 정세 중 풀어야만 하는 과제가 바로 조선과 일본 양국의 국교 회복이었기 때문이다.

이후의 통신사 파견에 관하여는 일본이 먼저 국서를 보내와 사절 파견을 요청하는 형식을 취했으며, 이 형식은 그후 두 차례 답습되었다. 그리고 이것들은 전부 쓰시마의 강력한 책략에 의해 실현되었다.

조선 국왕과 동격으로 도쿠가와 정권이 일본 왕권을 장악하고 있다는 의미에서 '국왕'이라는 형식을 취하여 대등성을 강조했다. 연호는 조선 국왕은 중국 황제의 책봉을 받고 있었으므로 명의 연호를 썼고, 일본 측은 책봉을 받지 않았으므로 간지용집을 사용했다. 이것도 이후 두 차례 계속되었다. 조선국 예조참판과 일본국 집정 간의 서한은 모두 합하(閤下)의 칭호를 썼다.

또 이와는 별개로 조선국 예조참의가 쓰시마 번주에게 별도의 서한을 보내는 경우, 예조에 대하여는 '합하'라는 존칭을 쓰고 쓰시마 번주에 대하여는 '족하(足下)'라고 불렀다. 이것은 쓰시마가 조선국에 대하여 신하의 예를 취하는 것을 전제로 한 호칭이다.

조선 측이 강하게 관심을 가지고 있던 도쿠가와 정권의 조선에 대한 외교 자세, 재침략의 가능성 여부, 오사카에 있던 히데요리의 지위 확인과 도쿠가와 정권의 안정도, 쓰시마와 도쿠가와 막부의 관계 등에 관한 것은 경 섬이 남긴 『해사록』, 특히 그 말미의 「견문잡록」에서 대강 확인할 수 있다. 한편 일본으로서는 우선 외교상의 현안을 해결할 수 있었다. 즉 도쿠가와 정권으로서는 이른바 전후 처리 문제를 간단하게 끝내게 되었다. 그것은 당시 이에야스가 구상하던 동아시아 전역과의 통상 · 통교관계의 확대를 진일보하는 데에 기초장스러운 과제를 해결한 셈이

된다. 더욱이 중국(명)과의 감합무역 재개에도 좋은 조건을 내건 것이었다. 또 국내적으로는 도쿠가와 정권이 국제적으로 인지되었음을 보여 주어 도요토미 정권의 부활이 불가능하다는 점을 안팎으로 드러내는 결과가 되었다.

제2장

'통신사'의 등장과 도쿠가와 대군

변 박, 「초량동왜관도」 일부, 국립중앙박물관 소장(97페이지 참고).

조선통신사의 시기 구분

1607년에 시작되어 1811년 끝난 에도 시대 조선 사절의 내빙은 조선 · 일본 양국의 역사적 추이, 정치적 변동이나 사회적 · 경제적 배경 등을 고려하여 다음과 같이 네 시기로 구분할 수 있다. 이때 내빙의 표면적 이유나 왕권을 담당한 자의 호칭, 규모, 의례 방법 등이 구분의 대상이 된다. 동시에 양국이 직면한 그때그때의 대외관계, 내정의 과제 등을 함께 생각할 필요가 있다.

또 여기에서 시기 구분은 주로 일본 측의 정치적 · 사회적 배경을 고려한 것이므로 조금 생소한 문장이 나오더라도 에도 시대 조선과 일본의 관계를 주축으로 한 조선통신사의 전체상을 파악하기 위한 것임을 염두에 두고 읽어 주기 바란다.

제1기

우선 제1기는 제1회의 1607년〔게이초(慶長) 12〕, 제2회의 1617년〔겐와(元和) 3〕 그리고 제3회의 1624년〔간에이(寬永) 원년〕으로 초기 세 번의 사절이 파견된 시기이다. 조선에서는 선조 말기부터 광해군을 거쳐 인조 초기에 해당한다. 이 시기는 국교 회복기라고 이름 붙일 수 있다. 왜냐하면 이 3회는 모두 '회답겸쇄환사'라는 이름대로 임진왜란 종전 후에 받아들였던 탐적, 즉 일본 도쿠가와 정권의 권력 기반과 대외 자세의 확인 및 피로인 조기 송환의 실현이 조선 측의 방일 목적이었기 때문이다. 쓰시마 및 일본의 요청에 응하는 형식을 취하면서 사절을 파견할 필요성이 있었던 것이다. 또 북방 정세의 긴박감이 고조되어 가는 가운데 남방의 안정을 위한 대외정책을 세울 필요성이 제기되던 시기이다.

일본으로서는 이에야스로부터 히데타다(秀忠) · 이에미쓰(家光)의 막부 초기에 해당되며, 이에야스가 구상하던 동아시아 통상권으로의 진입이 기독교 금교정책 때문에 축소되어 가는 과정이었다. 도쿠가와 정권의 대외적 인지를 국내의 정권 기반 강화책에 연동시킨 의도나 임진왜란의 종전 처리를 끝내려는 외교상의 과제를 해결한다는 의도도 가지고 있었다. 또 다이묘 대책으로서는 참근교대제도의 확립과 더불어 통신사를 맞이하는 임무를 부여하여, 막부의 다이묘 통제권의 발동이라고 할 수 있는 역을 부과했다. 또 쓰시마는 그사이에 다시금 독자적 판단으로 일본국왕사를 조선에 파견한다든지 신사 파견을 강력하게 요청하는 등, 단순한 막부의 대리 기관을 넘어선 입장에서 독자적으로 움직이고 있었다. 조선 국왕의 경조사에 관해 독자적으로 사절을 파견하던 시기이기도 하다.

제2기

제2기는 1636년(간에이 13), 1643년(간에이 20), 1655년〔메이레키(明曆) 원년〕, 1682년(덴와 2) 및 1711년〔쇼토쿠(正德) 원년〕의 70여 년에 해당하는 시기이다. 이에미쓰의 시기에서 4대 이에쓰나(家綱), 5대 쓰나요시(綱吉), 6대 이에노부(家宣), 7대 이에쓰구(家継)까지 차례로 쇼군을 이어 맡아 도쿠가와 정권이 가장 안정되었던 시기다. 1636년 이후는 조선통신사를 주축으로 한 근세일본의 통교체제 확립기였다. 구체적으로는 국서를 위조했던 소위 야나가와잇켄(柳川一件) 사건을 완전히 결말짓고, 막부 임명에 의하여 쓰시마의 이테이안(以酊庵)의 외교승[25]의 감독하에 대조선 외교의 일원화를 꾀했다. 그 결과 쓰시마는 번의 업무로서 중앙정권의 명령하에 있는 대외사무관료 등 새로운 외교체제를 확립한 시기였다. 또 국서에 대군 호칭과 일본 연호의 사용에서 나타나듯이 일본형 화이(華夷)체제를 확립한 시기이기도 하다. 그리고 막부나 각 번에 고용된 학자들이 통신사 일행의 객관을 찾아가 학문을 토의하고 시문을 주고받으며, 사적 서한을 교환하는 일이 점차 활발해져 갔다.

조선 측에서는 이러한 새로운 통교체제를 확인하고 명의 멸망과 비한족 국가인 청조의 책봉체제로 편입되어 가는 가운데 대일 외교체제에서는 자주권을 확보하기 위해 이전의 통신사라는

25. 교토고잔(京都五山)에서 석학승이 교대로 파견되었다. — 옮긴이 주

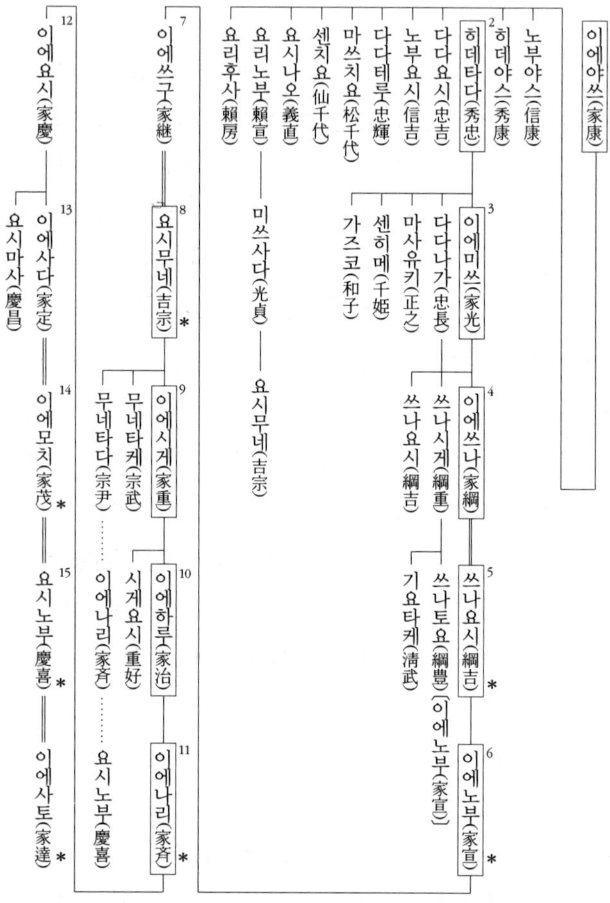

도쿠가와가 가계도

□ 안의 쇼군은 조선통신사에게 국서를 받은 쇼군이다. *는 양자, 〔 〕는 이명이다.

칭호를 부활시켜 남방의 안전을 지속시키는 정책을 취했다. 쓰시마는 통신사를 맞이하는 관련 업무가 가역(家役)[26]으로 부과되는 형태가 되었다. 그러나 조선에서 역관이 오고 쓰시마에서는 참판사가 부산에 도항함으로써 도쿠가와가 일문의 경조를 알리고, 조선 왕가의 경조에 의례를 행하는 등 막부 외교의 대행 역할을 계속했다. 조선 왕조에서는 인조 집정기로부터 효종을 거쳐 숙종 집권의 전성기였다.

제3기

제3기는 1719년〔교호(享保) 4〕, 1748년〔엔쿄(延京) 5 · 간엔(寬延) 원년〕 및 1764년〔메이와(明和) 원년〕의 3회의 시기인데 8대 요시무네(吉宗), 9대 이에시게(家重), 10대 이에하루(家治)의 습직을 축하하기 위해 내빙했다. 이때는 이미 에도 시대의 전환을 예감할 수 있는 변화가 표면화되어 가고 있었다. 말하자면 각지에서 수공업 발달에 따른 상품 생산의 확대에 동반된 물가고가 나타났으며, 다른 한편에서는 쌀값이 하락하여 막부와 번의 재정이 악화되고 농민이 궁핍하게 되어 가던 시기였다.

1719년 통신사를 맞이하는 행사는 전회의 아라이 하쿠세키(新井白石)의 개혁(제3장의 아라이 하쿠세키의 빙례개혁 참고)을 전면

26. 중세와 근세에 집에 부과하던 역의 일종으로서, 막부가 쓰시마 도주에게 부과했던 업무. — 옮긴이 주

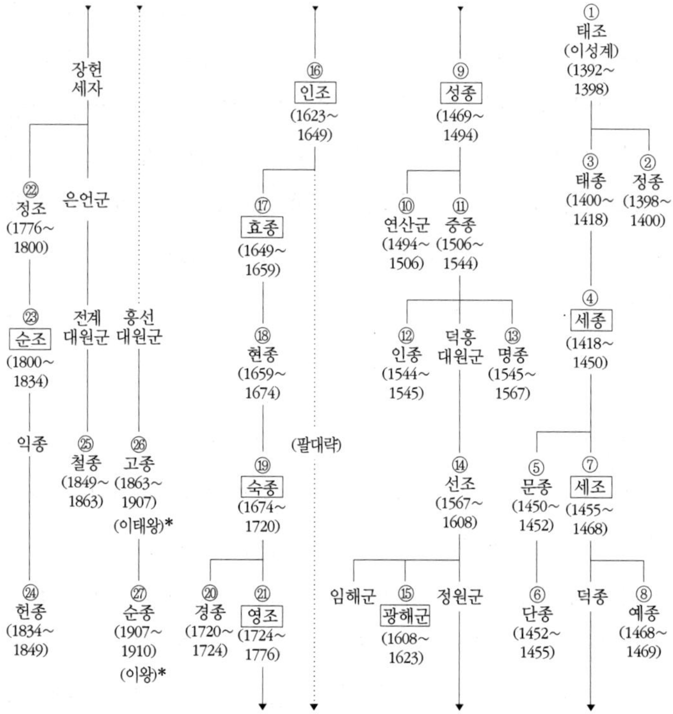

조선 왕조 계보도

☐ 안 왕은 조선통신사를 파견했으며, 14대 선조 이하가 에도 시대에 해당한다. ( ) 안 숫자는 재위 기간이고, *는 일본 지배하에서 호칭이다.

부정하고 천화구격(天和舊格)[27]을 부활시키겠다는 막부의 의사에 따라 그대로 실시되었는데, 이 시기의 의례 방식이 이후 두 차례 그대로 답습되었다. 지난번 예를 그다지 좋아하지 않던 조선 관료들은 좋게 받아들였다.

그러나 영조에서 정조에 걸쳐 조선 조정 주변에서는 관료 간에 당파 투쟁이 심각해져 전통적인 주자학자 사이에 동요가 일기 시작했다. 소위 실학파가 등장하기 시작했다. 그리고 대일관에도 미묘한 변화가 나타났는데, 전통적인 왜노관(倭奴觀)을 버리고 있는 그대로의 일본을 관찰하고자 하는 관점이었다. 어쨌든 이 시기는 상대적인 안정기로서, 말하자면 종래의 방식을 답습하는 시기였다고 할 수 있다.

제4기

제4기는 쓰시마에서의 국서 교환 의례로부터 막부 종언의 시기까지이다. 11대 쇼군 이에나리(家斉)는 1787년 쇼군 직을 계승했다. 그런데 막부는 덴메이(天明)의 대기근과 그에 연관되어 농촌와 도시에서 소요 사건이 빈번히 일어나자, 내빙 행사의 연기를 제안했다. 그후 성폐제일(省幣第一 : 간소제일)을 목적으로 양국의 중간 지점인 쓰시마 역지(易地)[28] 형태로 의식 거행을 전환했지만, 이것은 전례를 중시하는 조선 측의 이해를 구하지 못한

27. 1682년의 예에 따라 통신사를 접대한다는 것. — 옮긴이 주
28. 국서 교환의 장소를 에도에서 쓰시마로 바꾸는 것. — 옮긴이 주

데다 쓰시마에서 양국의 관리가 관여한 밀무역이 발각된 일이 화가 되어, 이에나리는 쇼군이 되고 24년 만에 조선통신사의 축하를 받게 되었다. 그렇지만 이때도 사절을 직접 만나지는 않았다.

조선에서는 순조 이후의 시대에 해당한다. 조선 역시 대규모의 기아민이 발생했고 관료의 기강 해이, 물산 공급의 감소 등으로 인해 객관적으로 보아도 국가 재정에 막대한 부담이 되는 일본에의 사절 파견을 전례대로 집행할 수 있는 여유가 없었다.

어찌되었거나 쓰시마에서의 의례만 집행되었다. 그후 쓰시마번에서는 도쿠가와 쇼군의 습직 때에 통신사 내빙이 계획되었고, 막부의 지시를 받아 조선 측과 교섭했다. 국서 교환 장소는 쓰시마가 되었다가 오사카가 되었다가 했다. 그러나 모두 막부 내의 쿠데타, 에도성의 화재, 당대 쇼군의 요절 등으로 인해 중지되거나 연기되었다. 막말이 되어 1866년〔게이오(慶応) 2〕 14대 장군 이에모치(家茂)의 습직 축하 의례에 관한 교섭을 끝내고 10년 후인 1876년〔메이지(明治) 9〕에 거행하기로 했다. 그러나 얼마 지나지 않아 1868년 도쿠가와 정권이 와해되었기 때문에 조선통신사의 내빙은 1811년〔분카(文化) 8〕이 마지막이 되었다.

이상에서 본 바와 같이 조선과 일본 양국 모두 곤란한 국내 조건이 존재했음에도 불구하고 이 시기에도 교린 관계를 지속하겠다는 의사는 분명했다. 일본에 개국과 통상을 요청하기 위해 이즈음부터 빈번하게 내항하는 구미 제국에 대하여, 막부는 통신은 조선 · 류큐, 통상은 중국 · 오란다(네덜란드)를 상대로 삼아 온 막부의 조법(祖法)을 개국(외교)과 통상을 거부하는 구실로 삼아 왔다. 근세 초기, 즉 시기 구분상의 제1기에 쇄국이 당시 정권의 확고한 의지가 아니었음에도 불구하고 대외관계의 고정화가 후에 쇄국적 의식을 낳았다.

에도 시대 약 260년간의 조선과 일본의 관계는 양국을 둘러싼 대외 정세의 변화와 내정상의 여러 과제만이 아니라 또 다른 요인들이 작용했던 것이다.

막부 내 실력자들의 다양한 대조선 인식과 권력투쟁, 쓰시마번 내부 사정과 막부에 대한 갖가지 술수 그리고 조선의 대일 인식의 변화와 대외 정세 등의 여러 움직임이 배경이 되었고, 처음부터 마지막까지 선린우호 일색으로 전개되지는 않았다. 그렇지만 큰 축은 가장 가까운 나라, 고대 이래 매우 친근한 민족이던 사이를 교린 관계로서 유지하고자 한 의사가 쌍방에 있었다는 사실이야말로 양국 모두 거액을 들여 치러지면서 12회의 내빙 행사가 큰 파탄 없이 계속되었던 까닭이다.

두 번째 회답겸쇄환사와 피로인들

제1회 회답겸쇄환사가 귀국한 지 6년 후, 1613년(게이초 18)에 이르러 쓰시마로부터 막부 쇼군의 아들 히데타다와 천황가의 혼인 축하를 명분으로 통신사 파견이 조선에 요청되었다. 더욱이 그 이듬해인 1614년에는 이에야스가 조선의 필무을 구한다는 이유로 사선의 파견을 요청했다. 이것들은 모두 사실이 아니라 쓰시마 번주 독단으로 요청한 것이었다. 겐와 연간이 되면, 오사카 겨울 · 여름 전투(大坂冬 · 夏の陣)에서 도쿠가와가 도요토미 히데요리를 오사카성에서 멸망시켜 천하의 패권은 완전히 도쿠가와 씨에게 돌아갔다. 그 직후에는 쓰시마 번주 소 요시토모(宗義智)와 소 요시나리(宗義成)의 이름으로 오사카 평정 · 국내 통일 축하사절의 파견을 여러 번 요청해 왔다.

그러나 조선 측에서는 진의를 의아하게 여겨 "명의 허가가 필요하다"라는 등 차중지계[29]를 써가면서 사태를 점검했다. 당시 조선에서는 왜란 후 농촌이 황폐해져 만성적 기근에 시달리고 사회 질서가 혼란스러웠다. 그사이 1608년 광해군이 선왕 선조의 뒤를 이어 국왕으로 즉위했다. 이는 적자인 형을 추방하고 왕위를 계승한 것이어서, 이후 왕의 주변에서 관료들이 맹렬하게 당파 투쟁을 벌이는 원인이 되었다. 북방의 여진은 누르하치에 의해 통합되어 마침내 1616년에는 후금의 건국을 선언할 정도로 강대해져 조선의 북쪽 국경을 위협하고 있었다.

그즈음 피로인이 일본에서 속속 돌아와 일본 각지의 정세가 조정에 전해졌다. 그중에는 사쓰마(薩摩)에 피로인 3만여 명이 있는데 귀국을 기다리고 있다는 소문도 있었다. 모두 쓰시마의 책략으로 보이지만 눈앞에 닥친 북방 정세의 긴박함, 남방과 일본

29. 조선이 일본과 강화하려면 명의 허락이 필요하다는 핑계를 내세워 강화를 지연시키려는 계책. — 옮긴이 주

신정권의 안정을 확인하는 의미에서라도 일본에의 통신사 파견이 필요하다는 견해가 조정 내에서 부상했다.

1616년이 되면서 명에게 일본에 사절 파견의 양해를 구하는 한편, 쇼군 히데타다가 국서를 먼저 보내오는 조건으로 사절 파견 요청에 응하기로 했다. 이 때문에 이번에도 사절은 히데타다의 국서에 답하는 회답사가 되었고, 아울러 피로인의 귀환을 촉구하는 목적을 가진 사절로 규정하게끔 되었다. 이때의 히데타다 국서 역시 쓰시마 내에서 위조된 국서였다. 중간에 있는 쓰시마의 움직임과는 별개로 방일하여 도쿠가와 막부 자체의 대조선관을 직접 확인하고 왜정을 탐색한다는 것이 당시 사절 파견에 대한 조선 조정의 종합적인 판단이었던 것 같다.

일행은 정사 오윤겸 이하 428명으로 전회와 같은 수준이었다. 또 북방의 군사 정세를 고려하여 총기 · 도검 등의 무기 수입이 지난번과 마찬가지로 추가되었다. 일본에 도착한 일행은 1617년(겐와 3) 8월 26일, 교토 후시미성(伏見城)에서 히데타다를 알현하고 국서를 전했다. 오사카전투〔冬 · 夏の陣〕가 마무리되지 않아 서국[30]의 다이묘들에게 새로운 쇼군으로서의 권위를 보이기 위한 목적에서 히데타다가 후시미성에서 진두지휘하고 있었기 때문이다. 또 전국의 다이묘들은 새 정권에 충성을 보이기 위해 막부의 지시에 따라 교토와 오사카 사이의 여러 곳에 군을 거느리

30. 교토 지역에서 서쪽에 위치한 주고쿠(中國) · 시코쿠(四國) · 규슈 지방을 이른다. — 옮긴이 주

고 주둔하고 있었는데, 이때 인접국에서 사절이 온 것이다.

이에야스의 뒤를 이은 새로운 쇼군의 주재하에 내빙 행사가 이루어짐으로써 위엄을 여한 없이 위아래에 드러냈을 것이다. 이때 히데타다의 응접 태도는 대단히 정중했다고 조선 측은 기록하고 있다〔오윤겸, 『동사상일록(東槎上日錄)』; 이경직, 『부상록(扶桑錄)』〕. 일행의 숙소는 지난번과 마찬가지로 다이토쿠지(大德寺)였고, 후시미성에서는 빙례 후에 초연이 있었고, 귀로에는 호코지(方広寺) 대불전 앞에서 중관과 하관들을 위한 연회가 베풀어졌다.

피로인의 송환 작업은 상당히 어려웠다. 결과적으로는 전회보다 적은 321명이 3척의 배에 승선하여 돌아왔다. 지난번 통신사 이후 10년이나 지났고, 전쟁 종결로부터는 거의 20년이 경과했기 때문이다. 일행 가운데 피로인이었던 강우성이 논고문을 가지고 각지를 돌며 귀국을 권유했다. 그러나 소집에 응하지 않는다든지 일단 응했다가 도망가 버린 자가 있었다. 일본에서의 생활이 어느 정도 자리를 잡았다거나 귀국 후의 생활이 보장되지 않았다거나 언어와 습속이 일본에 동화되었다는 등의 원인을 들 수 있겠다. 사신 측은 고국에 대한 그리움이나 국왕의 은전을 설명했지만, 당사자들에게는 큰 의미가 없었을 것이다.

그 문제에 관해 막부 당국은 귀국 의사가 있는 자는 막지 말라고 각 다이묘들에게 지시를 했을 뿐, 실무는 일체 쓰시마의 당국자에게 맡기도록 했다고 한다. 그리고 쓰시마는 힘을 기울였지만, 다이묘 가운데 전달을 태만하게 자가 있는가 하면 대응은 가지

가지였다. 종사관 이경직의 『부상록』에 의하면, 이때 부산에 상륙한 피로인을 위한 귀국 준비가 전혀 준비가 되어 있지 않아 사절 일행의 양식을 나누어 주었다고 한다. 아쉽게도 피로인 송환에 관해서는 뒤죽박죽이었던 것 같다.

사절이 본 에도 일본

1624년(간에이 원년)의 사절은 회답겸쇄환사의 이름으로 일본에 파견되었다. 조선에서는 1623년 광해군이 선조 왕비의 명을 받아 폐위되고 인조가 즉위했다. 그러나 측근인 이 괄이 반란을 일으켜 남쪽으로 도망가는 등 혼란이 계속되었다. 그렇지만 조정에서는 남쪽에 주둔하고 있는 군사를 북상시키지 않으며 일본에의 경계심을 늦추지 않았다.

일본 측의 내빙 명목은 쇼군 습직 축하였다. 에도 막부에서는 1623년(겐와 9)에 이에미쓰가 쇼군 직을 아버지 히데타다로부터 계승했다. 처음으로 타고난 쇼군이 탄생한 셈이다. 이 새로운 쇼군의 후견을 위해 히데타다는 에도성 안의 니시노마루(西の丸)에 머물면서 내외의 막부 정치를 보좌하면서 위엄을 보이고 있었다. 도쿠가와 정권에 대한 다이묘들의 충성도를 경계하고 있었던 것이다.

쓰시마는 쇼군 습직 초부터 부산에 개설되어 있던 왜관에 사자를 파견했고, 또 게이테쓰 겐소의 뒤를 이은 외교승 기하쿠 겐보(規伯玄方)를 부산에 보내 사절 파견을 열심히 요구했다. 물론

「에도성내응접도병풍」, 부산시립박물관 소장.

조선 측의 조건은 일본 국왕이 먼저 국서를 보내는 것이었다. 그리고 쓰시마의 획책에 의해 국서는 곧바로 도착했다. 다만 일본으로서는 새로운 쇼군의 습직 축하를 위한 초빙이었다. 이러한 명목은 무로마치(室町) 시대에 두 번 있었다. 그래서 조선의 조정으로서도 그 명목에 구애될 이유는 없었지만, 전회의 사절 파견으로부터 얼마 지나지 않은 터라 망설였다. 그러나 부산에서는 "왜 1천 명이 청하며 떠나지 않는" 일이 벌어져 서둘러 파견을 결정했다.

이번에도 조선 조정에서는 일본이 재침략할 가능성은 없다 하더라도 북방의 긴장감에 대한 남방 대책으로서 일본에 유화책을 지속하는 것이 득책이라고 판단했다. 부사 강홍중의 『동사록(東槎錄)』에서 사절 일행의 모습을 보자.

사절 일행이 쓰시마에 도착하면서부터 일본 측의 대접은 정중하여 예(禮)가 야만인으로 생각할 수 없을 정도라고 했다. 연도에 구경 나온 군중은 어디에서든지 정숙했고, 도로에 물을 뿌렸으며, 비가 온 후에는 대나무를 쪼개어 깔아서 통행이 용이하게끔 준비했다. 죄인에 대한 형벌이 엄하여 본보기로 시신을 걸어 놓은 것도 눈에 띄었다. 어디나 물자가 풍부하고 토지가 비옥하여 쌀이 넘칠 만큼 풍부했고, 주민들이 부유하고 물색이 여유로운 것이 우리나라와 비교가 되지 않는다고 했다.

본디 조선 관리들은 유교적 가치관에 의해 일본과 일본인을 무시하는 관념이 짙었다. 그러나 실제로 보고 들음으로써 그 관념을 수정해야 한다고도 했다. 이러한 견해가 일찍이 이 시기에 나타나기 시작했다는 사실에 주목하고 싶다. 이 시기 조선 국왕의 국서는 '국서치일본국왕(國書致日本國王)'에서 '조선국왕이전봉서일본국왕전하(朝鮮國王李倧封書日本國王殿下)'로 바뀌었고, 내용도 쓰시마의 사전공작의 흔적을 부정하는 듯한 내용으로 변화가 있었다〔『조선통교대기(朝鮮通交大紀)』 권6〕.

에도성에서의 빙례

제3회 사절에 대한 빙례는 제1회 사절에 이어 두 번째로 1624년(간에이 원년) 12월 19일 에도성에서 행해졌다. 사절 일행은 수행원이 연주하는 나팔과 태평소에 맞추어 오테몬(大手門 : 정문)으로 입장하여 붉은 양탄자가 깔린 입구에서 회랑을 지나 오히로마(大広間)에 들어갔다. 이에미쓰 쇼군은 의관을 갖추고 등장하여 상단에 앉았다. 집정(노중) 중 한 사람이 조선 국왕의 국서를 쇼군 앞에 갖다 놓고 세 사신이 배례를 했다. 쇼군은 말을 하지 않았지만, 배석한 소 요시나리를 통해 당상역관(상급 통역관)에게 먼 길에 노고가 많았다는 위로와 국서에 대한 정중한 예를 전했다. 이어서 금은을 입힌 잔으로 세 사신과 헌배를 교환했다. 이후 쇼군은 안으로 들어갔는데, 이때 세 사신은 다시 인사를 했다. 이어서 스루가(駿河) 중납언(中納言) 도쿠가와 다다나가(德川忠長), 미토(水戶) 재상 도쿠가와 요리후사(德川賴房)가 친번(親藩)[31]을 대표하여 배석하며 향연을 베풀었다. 당상역관은 그 옆방 그리고 문무관 28명은 전상(殿上)의 방에서 함께 연회를 대접 받았다. 마지막으로 차와 과일이 나오고 세 사신을 비롯해 일행은 물러났다.

부사에 의하면 "이에미쓰 쇼군은 7척이나 되는 키에 대단한 열정이 있고 나이는 21세"라고 했다〔강홍중, 『동사록』 및 『대유전어실기(大猷殿御實記)』 권3〕.

이후의 빙례 행사는 1711년(쇼토쿠 원년)의 아라이 하쿠세키의 개혁의 경우를 제외하고는 거의 비슷한 순서로 행해졌다. '사행록'이라고 부르는 조선 측 세 사신의 기술은 대체로 담담하게 사실만을 기록하고 있다. 그렇지만 일본 측의 『덕천실기(德川實紀)』를 비롯한 기록은, 사절은 쇼군의 습직을 축하하기 위해 온 것이

31. 에도 시대에 도쿠가와가 일문 및 분가에서 다이묘가 된 번으로, 오와리(尾張)·기이(紀伊)·미토의 고산케(御三家)나 에치젠의 마쓰다이라(松平)가 등이다. — 옮긴이 주

나 조선 측으로부터의 예물을 공물이라고 하고 있다. 이것은 당시의 쇼군이나 노중 혹은 사절을 영접한 당사자의 말이 아니었다 하더라도 조선과 사절에 대한 또 하나의 편견이 존재했음을 말해 주고 있다.

이때 쇼군을 위한 예물은 매 50마리, 호피 20장, 표피 20장, 인삼 100근, 명주 50필, 청피 10지, 종이 50첩, 화석(花席) 20장, 화사견(花絲絹) 50반(反), 금란(金襴) 10권, 난(襴) 10권, 백저포 50필이었다. 여기에 세 사신이 가져온 예물이 더해진다. 또 대어소(大御所) 히데타다[32]에게는 호피 10장, 백저포 30필, 밀랍 10매, 금란 10권이 보내졌다. 이 외에 막부 집정(노중)이나 숙관의 주인, 기타 관계자, 여행 중에 특별히 도움을 준 이들에게 주는 선물 등 셀 수 없을 정도였다.

이에 대하여 일본 측에서는 세 사신에게 쇼군이 은자 각 300매, 히데타다가 각 200매, 금병풍, 갑주, 대검 등을 보내왔다. 당시 일본은 세계 유수의 은 산출국이어서 해외 수출품의 대부분이 은이었기 때문에 그것을 답례로 보낸 것이다. 그러나 세 사신으로서는 다른 나라의 왕으로부터 노잣돈이나 마찬가지인 물건들을 받을 수는 없었다. 재삼 사절을 했지만 결국은 숙소로 보내왔다. 곤란했던 세 사신은 쓰시마까지 가져가, 번주에게 통신사 접대나 피로인 송환에 소요되는 경비로 충당하도록 은자 등을 남겨

32. 도쿠가와 히데타다는 이미 쇼군 직을 은퇴하여 표면에 나오지 않지만 실권을 가지고 있었다. — 옮긴이 주

두고 돌아갔다.

그렇지만 쓰시마 측에서는 은을 부산으로 돌려보냈다. 쓰시마 번으로서도 그러한 일을 독단적으로 처리하여 막부로부터 문책을 받을까 우려한 것이다. 이를 보고받은 인조는 반은 쓰시마로 보내 여러 가지 비용에 이용하게 하고, 나머지는 사신 일행에게 나누어 주도록 했다. 세 사신은 이 역시 받지 않았는데, 그 행방은 알 수 없게 되어 버렸다.

정착하는 피로인

피로인의 송환에 대해서는 세 번째도 몹시 난항을 겪었다. 노중 도이 도시카쓰(土井利勝)가 예조에게 다음과 같은 서한을 보내왔다.

> 귀국의 사람으로 우리나라에 머무르고 있는 자는, 지난해에 말씀드린 대로 국내에 널리 알려 송환했다. 그렇지만 아직도 귀환을 원하는 자가 있으면 송환을 허락하겠다.
>
> —강홍중, 『동사록』

이번에도 고쿠라〔小倉 : 후쿠오카현(福岡縣)〕나 가라쓰〔唐津 : 사가현(佐賀縣)〕 등 피로인이 모여 사는 곳에 역관을 파견했지만, 각지의 다이칸(代官)은 겉으로는 협력하는 자세를 보이면서 실제로는 그다지 힘을 기울이지 않았던 것 같다. 가라쓰에서는 당초 80여 명이 응했으나, 실제로 귀국선이 출발할 때는 20명으로 줄어 있었다. 또 교토소사대(京都所司代)의 이타쿠라 가쓰시게(板倉勝重)는 조선 예조의 서한에 대한 답서에서, 교토와 오사카를 두 번 탐색했는데 노인은 이미 세상을 떠났고 장년은 아들이나 손자가 있어 귀국을 희망하지 않는다고 했다. 결국 이번에는 총 146명이 귀국한 데 불과했다. 1636년(간에이 13)에는 겨우 2명, 1643년(간에이 20)에는 14명이 귀국하는 데 그쳤고 이후 귀국 예는 찾아볼 수가 없게 되었다. 세월의 흐름과 함께 정착하여 본국 송환은 피로인들의 생활 현실에 맞지 않게 되고 만 것이다.

그 결과 서일본을 중심으로 각지에 정착하여 다양한 생업을 꾸리며 이름을 남긴 사람이 여럿 나타났다. 아리타(有田)·하기(萩)·사쓰마·다카토리(高取)·아가노(上野)를 비롯한 도기 제작에 관계한 사람들이 특히 유명하다. 그 밖에 무사가 된 사람, 무사나 조닌(町人)의 부인이 된 사람, 승려나 의사로서 이름을 남긴 사람, 유학 지도자로 다이묘에게 중용된 사람 등 여러 사례가 남아 있다. 전란에 의한 또 하나의 유산이다.

기유약조와 왜관 무역

여기서 임진왜란 후 쓰시마가 가장 기대하고 이 시기까지 중요한 외교 거점이던 부산에서의 교역 상황을 보자.

송운 대사에 의해 가능해진 강화 후 교역 허가는 1609년(게이초 14)부터 쓰시마의 게이테쓰 겐소와 야나가와 도시나가(柳川智永)가 '일본국사'라는 이름으로 교섭을 진행한 결과 2년이 걸려 기유약조의 체결에 이르렀다. 쓰시마 측은 왜란 전 원상 복구를 요망했지만, 조선 측은 왜란의 도의적 책임이 쓰시마에도 있다며 전쟁 전과는 달리 까다로운 제한을 두었다. 그 조문은 11~12조에 이르는데 대강 다음과 같다.

1. 왜관에서의 접대는 국왕사, 쓰시마 도주(번주), 쓰시마 내 수직인(受職人 : 쓰시마의 호족으로 조선조정의 관직을 받고 있는 자)으로 한정한다.

2. 일본국왕사선은 상 · 부 2선을 허가한다.

3. 쓰시마가 매년 파견하는 배는 20척, 그 가운데 특송선(정보 전달 등을 위한 특별한 배)은 3척으로 한다. 대 · 중 · 소 각 크기와 승조원 정원을 정한다.

4. 매년 쓰시마 도주에게 조선 조정에서 쌀과 콩 100석을 내린다.

5. 수직인은 연 1회, 내조하는 것으로 한다. 임진왜란 전의 수직인에 관해서는 여기서는 언급하지 않는다.

6. 도항해 오는 배는 반드시 도주의 문인(도항증명서)을 지참한다.

7. 전례대로 도주에게는 도서(인장을 새긴 구리 도장)를 주어 가져오는 서계의 진위를 밝히는 증거로 삼는다.

8. 문인을 지참하지 않은 자, 부산 이외로 오는 배는 적선으로 간

주하여 처형한다.

9. 체재비는 국왕사는 20일 분, 쓰시마 도인(島人)은 5일 분, 도주 특송선의 경우는 10일 분 지급한다.

이상의 약조는 후에 약간의 개정을 거쳤다. 예를 들어 도서는 소 씨의 보다이지(菩提寺)[33]인 반쇼인(万松院)이나 1635년 이후 쓰시마에서 외교 사무를 담당한 이테이안의 송사(送使) 등에게도 주어졌다. 그리고 무역과 외교 사무를 위해 부산 시내의 두모포에 약 1만 평 규모의 상관이 세워졌다. 소위 왜관이다.

1678년, 규모를 열 배로 확대하여 초량동으로 이전했다. 여기에는 관수(館守 : 장관)를 비롯하여 재판(裁判 : 공사), 도코지(東向寺) 승려(서기관) 외에 쓰시마의 관리와 교대하는 제도가 있지만, 상당히 장기간 체재하는 상인들이 있었다. 그 수는 500~700명에 달했다. 에도 시대 최대의 해외 일본인 거류지였다(이 장의 첫 쪽 그림 참조).

관수의 중요한 임무는 『관수일기(館守日記)』〔또는 『매일기(每日記)』〕를 기록하는 일이다. 부산에서 일어난 일, 조선 측과의 대화를 포함하여 상세하게 기록했고, 내용은 실무적인 것에서 나아가 떠도는 소문을 포함하여 조선의 정치 상황과 중국 정세 등에 관한 기사도 있다. 이것은 쓰시마번을 거쳐 막부 요인들에게 전

33. 선조의 위패를 대대로 모시고 있는 절 — 옮긴이 주

해졌을 것이며, 막부는 나가사키에서의 「오란다풍설서(オランダ風說書)」·「당선풍설서(唐船風說書)」 등과 함께 중요한 해외 정보의 입수 수단이었다.

외교상의 문제로 주목해 두고 싶은 것은 이 조약에서 일본국왕사의 도항이 예정되어 있었던 사실이다. 무로마치 시대에는 국왕사를 자칭하는 사절이 연이어 찾아왔지만, 도쿠가와 정권하에서도 중앙정권이 사자를 파견할 수 있음을 이 시기 조선 측이 인정하고 있던 셈이다. 실제로 쓰시마는 막부의 승낙을 얻지 않은 경우까지 포함하여 일본국왕사를 여러 차례 파견하여 한성부에 상경할 수 있도록 요청했다. 그 외의 양국 간 사절의 왕복은 다음과 같은 경우가 있었다.

1. 통신사 초빙에 관한 일본으로부터의 사자(참판사) 파견과 실무교섭. 한편 쓰시마에는 조선이 역관이라고 불리는 편선(便船)을 파견한다. 이와 관련하여 도쿠가와가의 경조사 통지에도 쓰시마가 참판사를 파견한다.

2. 조선 왕조의 경조사는 쓰시마번이 대행한다.

3. 쓰시마의 소 씨 경조사에 대한 조선의 사자 파견이나 축의 혹은 조의 표명을 받는다.

4. 표류민의 상호 송환이나 울릉도에의 일본인 도항 문제를 둘러싼 교섭, 왜관 주변에서 일어난 사법 사건의 처리 등의 교섭을 한다.

또 하나 주목할 만한 것은, 쓰시마가 보내는 사자는 조선 측의 규정에 따라서 일정한 의식을 받지만 조공의 형식을 취하고 있던 점이다. 왜관 밖의 '초량객사'라는 건물에서 우선 조선 국왕의 전패(殿牌)에 사배례를 행했다. 그 뒤 연회가 개최되었는데, 모두 연이어 앉아서 조선 측 관리 앞에서 신하와 같은 형식을 취하도록 요구받았다. 이는 중세 이래의 관습이었으나, 요컨대 조선으로서는 쓰시마에게 무역의 특권을 부여하고 왜관을 무료로 빌려주며 체재비 일부까지 지급하는 대신 조선 국왕에 대해 신하의 예를 취하게 함으로써, 쓰시마의 사람이 왜구와 같은 해적 행위를 하거나 침략의 선봉에 서는 일이 없도록 하겠다는 강한 의사 표명이었다.

이것을 쓰시마 측에서 보면, 양국 외교에 있어 쓰시마는 일본 중앙정권의 대리인 입장에 서서 교섭에 임하며, 대등한 교린 관계의 한쪽 당사자라는 입장을 취하는 것이었다. 그러나 교역에 관해서는 어디까지나 조선이 허가하는 범위 혹은 조공자의 입장을 취함으로써, 다른 다이묘나 막부의 개입을 허용하지 않는 특권적 지위를 손에 넣는 것이 가능했다. 근대의 국제관계에서는 생각조차 할 수 없는 일이지만, 전근대의 조선과 일본은 이 관계를 수백 년 이상 유지하면서 임진왜란의 한 시기를 제외하고는 이렇다 할 파문 없이 계속될 수 있었던 것이다. 조선통신사의 왕래는 숨겨진 이 같은 이중적 관계의 성립 위에서 실현되었다.

쓰시마와 조선의 무역

다음으로 교역, 즉 쓰시마와 조선의 무역에 대하여 보자. 기유약조에 의해 쓰시마로서는 그토록 원하던 조선 무역이 부활했다. 원래 섬 전체가 척박한 산악으로 되어 있는 쓰시마는 쌀로 인한 수입이 지극히 적었다. 히데요시 시대에는 검지(檢地)의 기록도 석고(石高) 표시도 없어 자세히 알 수 없지만, 쓰루타 게이(鶴田啓)는 보리 산출을 쌀로 환산하면 급인지(給人地)를 포함하여 약 2만 4천 석이라 보는 것이 타당하다고 한다〔『쓰시마에서 본 조일관계(対馬から見た朝日關係)』〕. 여기에 이에야스 시대에 송운 대사의 도일 및 조선과의 수교 회복의 공로로 히젠국 내에 2만 8천 석이 더해졌다.

그러나 이것만으로는 가신단을 부양하거나 도내 백성의 생활을 유지하는 것이 도저히 불가능했다. 그리고 조선통신사의 왕래를 비롯한 외교 실무에 관련되는 비용, 관리들의 부산 파견 비용 등이 더해졌다. 그것은 쓰시마의 소 씨에게 부과된 군역 아닌 가역이다. 군역에 대해 말하자면, 1637년(간에이 14) 시마바라의 난(島原の亂)[34]이 일어났을 때, 쓰시마번은 특례로서 군역을 면제받았다. 막부도 쓰시마번은 '조선에 관해 많은 일'을 하고 있다는 사실을 알고 있었던 것이다.

---

34. 1637년 12월에 발발하여 1638년 4월에 종결된 일본 역사상 최대의 민란으로, 가톨릭 신자의 탄압으로 발생한 종교전쟁의 성격도 가지고 있다. — 옮긴이 주

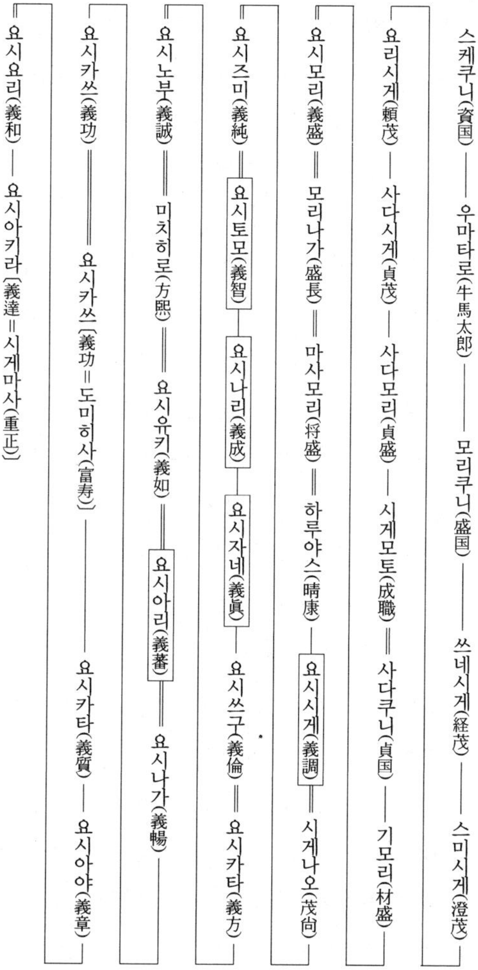

쓰시마 소 씨 가계도

□ 안의 번주는 이 책에 등장하며, ( )는 아명이고 〔 〕는 이명이다.

쓰시마의 대조선 무역은 ① 진상 또는 봉진이라고 부르는 조공품과 회사품 형식의 무역, ② 번주나 번의 관리에 의한 공무역 — 공목(公木)이라고 불렸던 조선 관영의 무명과 대체품인 쌀의 수입, 일본 또는 동남아시아 물품의 수출, ③ 번 내 특권 상인에 의한 사무역, 이렇게 크게 세 종류로 나눌 수 있다.

이 가운데 효율성이 가장 떨어지는 공무역과 진상은 차츰 부수적인 존재가 되었고, 오히려 번이 사무역에 적극적으로 개입함으로써 쓰시마번은 막대한 이익을 올리며 황금시대를 맞이한다. 소 요시토모의 손자 요시자네(義眞)의 시대이다.

이 시기 일본 국내의 은과 동의 생산은 상당히 활발했다. 쓰시마번은 그것을 축으로 단목, 후추 같은 동남아산 물품을 나가사키를 경유하여 입수한 후 조선에 수출했다. 또 순도가 매우 높은 은을 자본으로 값비싼 약용 인삼을 수입하는 외에 조선 관리가 북경에서 가지고 온 고급 생사, 축면(縮緬) 등 고급 비단 제품을 수입했다. 그것들은 오사카, 교토, 에도에 있는 쓰시마 번저를 중개 장소로 삼아 전국 각지로 팔려 나갔다. 그러한 국내 교역이 막부에 의해 공인되고 있었음을 의미한다.

또 나가사키와 쓰시마의 관계는 표류민 문제의 처리만 아니라 동남아산 물품을 수입하여 쓰시마와 부산으로 운송하는 경제적 관계 면에서도 밀접하게 연결되어 있었다. 부산의 왜관은 이와 같이 에도 시대 전기에 일본의 내외를 묶는 활발한 교역의 한 거점으로 존재했다. 쓰시마번은 그 운영으로 엄청난 이익을 취하면서 번 경제를 풍족하게 했고, 여러 가지 번의 정치개혁과 더불어 쌀의 수확량에 관계없이 번영을 구가할 수 있었다. 따라서 소 요시자네의 집권 시대에 실질적으로 2만 석 정도였으나, 『무감(武鑑)』에는 10만 석 정도로 기록되었고, 에도성 내에서의 대기 장소도 오히로마가 되었고, 대 · 중의 후다이다이묘(譜代大名)[35] 들과 혼인을 통해 연고를 다져 갔다.

국서 개찬 발각과 조선 · 일본 관계의 새로운 체재

이상과 같은 번영의 시대을 맞기 전 쓰시마번은 커다란 시련을 헤쳐 나와야 했다. 그것은 바로 야나가와잇켄이라는 쓰시마번 가문의 분란이 발단이 되어 막부 정치를 뒤흔든 국서 개찬 또는 위조 사건의 발각이다. 임진왜란 당시 그리고 전쟁 후 국교 회복을 위해 고군분투하던 시기에 도주인 소 요시토모를 도와 에도, 쓰시마, 교토 그리고 부산을 오가면서 이를 처리한 가로 격인 야나가와 시게노부라는 인물이 있었다. 국서 문제에 있어서 야나가와 시게노부와 게이테쓰 겐소의 지략과 행동력이 없었다면 그만큼 순조롭게 추진할 수 없었을 것이다.

1605년(게이초 10) 이에야스로부터 소 씨가 히젠의 영지를 하사받았을 때 야나가와 씨는 그 가운데 1천 석을 나누어 받았기

35. 에도 시대 세키가하라전투 이전부터 도쿠가와 씨의 가신이었던 다이묘. 전국의 요소에 배치되어 막부의 요직을 독점했다. — 옮긴이 주

때문에 막부도 그 공적을 충분히 인정하고 있던 셈이다. 야나가와 시게노부는 오래지 않아 죽고 아들 도시나가(智永)가 뒤를 이었는데, 조선은 이 인물 역시 중요하게 인식하여 후에 특별한 무역선인 야나가와송사선(柳川送使船)의 권리를 인정했다. 그리고 이 야나가와 요시나가의 후손이 시게오키(調興)이다. 이 사람은 에도에서 태어나 어린 시절 에도의 번저에서 성장했고 가업을 계승하자 곧 이에야스의 부름을 받았다. 이에야스의 사후에는 에도에서 히데타다를 섬겼으며, 인품과 인물이 뛰어났다고 한다. 조선 측에서도 1617년(겐와 3)에 내일했던 회답사 종사관 이경직은 자신의 저서 『부상록(扶桑錄)』에 영리함이 눈에 띈다고 평가했다.

한편 소 요시토모의 적자 요시나리는 1615년(겐와 원년)에 번주가 되었다. 그리고 야나가와 씨는 소 씨에게 충성을 표시하는 서문(誓文)을 제출하고 야나가와 시게오키는 소 요시나리의 여동생을 부인으로 맞이함으로써, 표면적으로는 주종일체의 관계를 맺었다. 그러나 이 관계가 순조로워 보인 이 무렵부터 야나가와 씨는 소 씨로부터 독립하여 막부를 직접 모시기를 희망하기 시작했다.

자세한 내용은 생략하지만, 시게오키는 소 씨 가문에서 시집온 부인과 일방적으로 혼인관계를 끝냄으로써 공공연하게 소 씨에게 선전포고를 했다. 야나가와 씨의 입장에서 보면, 조선의 신임은 두텁고 막부와의 관계는 자신이 도맡아 왔다는 자부심 때문에 그렇게 했을 것이다. 1629년(간에이 6) 막부는 요시나리에게 명하여 게이테쓰 겐소의 제자로 그 뒤를 이어 쓰시마의 외교고문에 취임한 기하쿠 겐보를 일본국왕사로 삼아 조선에 보내 한성부까지 상경하게 하여 조선 국내 정세와 북방 정세를 탐색케 했다. 이 사절은 겐보의 교묘한 외교술에 힘입어 성공하여 막부에 확실한 정보를 제공했다. 이 일로 야나가와 씨는 위기감을 가졌을지도 모르겠다.

마침내 야나가와 시게오키는 막부에 소 씨가 예전에 마음대로 별도의 일본국왕사를 파견한 사실, 쇼군의 국서를 마음대로 개찬한 사실 등을 폭로하여 주인의 죄를 고발하기에 이르렀다. 나라의 체면에 관계된 일대 폭로에 당황한 막부는 사건의 전모를 파악하는 것이 마땅하나 조선을 끌어들이는 분쟁이 일어날 것을 우려하여, 쓰시마의 실무 담당자를 에도로 호송하여 노중 도이 도시카쓰의 집에서 예비심문을 행했다.

1635년(간에이 12) 3월 11일 에도성 오히로마 앞에서 소 요시나리, 야나가와 시게오키 외 관계자를 불러 쇼군 이에미쓰의 질문에 답하는 형태로 심문이 행해졌다. 그 결과 대략 다음과 같은 결정이 내려졌다.

1. 쇼군의 뜻에 따라 쓰시마노카미(対馬守)는 죄가 없으므로 쓰시마 외의 영지는 지금까지와 같이 인정하되, 다만 내년 중에 조선통신사가 내빙하게 할 것.

2. 시마카와 다쿠미(島川內匠 : 소 씨의 가신, 개찬의 실행 담당자)와 그 하인은 사형에 처하고 가산을 몰수할 것.

3. 마쓰오시치우에몬(松尾七右衛門 : 야나가와 씨의 가신, 실무 담당자)도 같은 벌에 처함.

4. 야나가와 시게오키의 쓰시마 가산은 몰수할 것. 본인은 쓰가루번(津輕藩)에 유배시킬 것(유배소에서 죽음).

5. 기하쿠 겐보는 난부번(南部藩)에 유배시킬 것(후에 풀려나서 교토로 돌아옴).

이 판결에 의해 야나가와 씨는 대가 끊기는 형편이 되었지만 목숨은 구했고, 이후 소 씨가 독단으로 조선 외교에서 중책을 맡게 되었다. 또 결과적으로는 위에는 가볍게 벌주고 아래에는 엄하게 처벌하는 봉건적 신분제하에서의 재판의 특질을 보여주었으며, 주군에 대한 고발은 큰 죄가 되었다. 그 직후 소 요시나리는 이에미쓰의 은혜를 받았고 조선과의 일에서는 "일본의 입장을 중시"하고 "일본 또는 조선에 숨김없이 최선을 다하겠다"는 기청문을 같은 해 8월 쓰시마로 돌아올 즈음 막부에 제출했다.

막부 주도의 외교체제

도쿠가와 정권은 이후에 대략 다음과 같은 조치를 취했다. 우

2대 도리이 기요노부(鳥居淸信), 「마상재도(馬上才図)」, 고려미술관 소장.

선 9월에 쓰시마번이 직접 채용했던 외교승 제도를 폐지하고 막부가 교토고잔의 석학승 중에서 적임자를 선발하여 윤번으로 쓰시마번에 부임시켰다. 그리고 이 승려로 하여금 조선 외교 문서를 작성 · 점검 · 번역하게 했다. 마지막으로 부임한 이는 도후쿠지 호쇼인(東福寺宝勝院)의 교쿠호 고린(玉峰光璘)이다.

고잔의 승려들에게는 각 사원이 석학료를 지급했는데, 그 일부를 나누어 부임 비용으로 쓰고 조선 사절이 내일한 때에는 에도까지의 왕복에 동행하는 것이 의무였다. 한편 부임처인 이테이안 명의로 특송선을 부산에 파견하여 무역하는 것이 인정되었고 쓰시마번이 내주는 봉록으로 지급되는 쌀과 선물에도 큰 부족함이 없어 경제적으로는 그다지 불편하지 않았다. 두 명이 1~3년에 교대하는 제도는 막부 말기인 1866년(게이오 2)까지 계속되었다.

이 이테이안 윤번제의 확립은 막부가 조선 외교를 종래와 같이 쓰시마번에 대행시키지 않고 중앙정권이 주도하며 동아시아의 대외관계에 적극적으로 관여하겠다는 의지의 표현이었다. 이후 쓰시마번은 조선과의 교섭이 가역임에는 변함이 없으나 막부 주도하의 실무 집행자로 한정되어 버린 셈이다.

또 쇼군 이에미쓰는 쓰시마에게 조선의 마상재(말을 타면서 재주를 부리는 것)의 파견을 요청하도록 했다. 쓰시마의 소 씨가 단독으로 대조선 교섭 능력을 발휘할 수 있는지를 시험해 보려는 의도였다. 1635년(간에이 12)의 일로, 이후 통신사가 내빙할 때마다 마상재를 대동하는 것이 관례가 되었다. 마상재는 에도성에서 국서 전달 의식이 끝난 후 성내의 마장에서 열려 쇼군, 각료 외에 다이묘들의 관람이 허락되었다. 그 묘기는 일본인 화가들에 의해 여러 번 그려졌다(앞의 그림 참고).

야나가와잇켄은 쓰시마에서 조선으로 보고되었고, 1636년(간에이 13) 3월 쓰시마에서 통신사청래차왜(通信使請來差倭)가 부산에 파견되었는데, 쇼군은 교린성신 여부를 알고 싶어한다고 전해 왔다. 조선에서는 쓰시마의 사자가 국서를 휴대하지 않은 이례적인 사자이지만, 일본 정세의 변화를 알고자 했으므로 국서를 갖고 있지 않음을 나무라지 않고 "응급의 책으로서 신사를 파견해야 한다"라고 결정했다.

지금까지 쓰시마가 가져온 국서가 위작 또는 대폭 개찬되었다는 사실을 안 이상, 또다시 먼저 국서를 보내오라는 것을 조건으로 삼는다면 오히려 양국 간의 갈등을 불러일으킬 뿐이라고 판단한 것이다.

또 큰 배경으로서는 후금이 1627년 군사적으로 압박을 가하여 조선 국왕에게 '성하의 맹'을 행하게 했을 뿐 아니라 명과의 교통을 방해함과 동시에 군량 지원을 요청하는 등 국가의 주권을 위협받는 상황이었기 때문이다. 조선으로서는 일본과의 안정된 관계가 시급했던 것이다.

'통신사'라는 명칭의 유래

여기서 '통신사'라는 사절의 명칭에 대하여 조금 생각해 보자. 일본에 파견한 외교사절을 통신사로 부른 건 1429년〔에이쿄(永享) 원년〕, 조선에서는 세종 11년의 일인데, 일본의 아시카가 요시노리(足利義教)의 쇼군 취임을 축하하여 정사 박서생이 파견되면서 시작되어 이후 세종 대의 회례사를 제외하고 사절이 세 차례 교토에 도착했다. 그리고 1636년 도쿠가와 정권하에서 처음으로 쓰였는데, 이에 관하여 조선 조정에서 특별히 논란이 있었던 흔적은 없다. 사실 그때까지도 쓰시마는 신사(쓰시마는 이미 '신사'라고 불러 왔다) 파견을 요청해 왔지만, 조선 측에서는 임진왜란의 전후 처리가 마무리되지 않았다는 입장에서 '회답겸쇄환사'라고 부르기를 고집해 왔던 것이다.

그러나 그러한 과제는 일단 소멸되어 통신사에 복귀하는 데에 저항감이 없었으며, 뒤에서 설명하는 것처럼 동아시아 정세가 급격한 변화를 보이고 있는 때에 일본과의 안정된 외교체제의 구축이 필요하여 본래의 통신관계로 돌아가는 것은 오히려 필연적인 일로 보였을 것이다.

'쇼군'의 호칭은 어떻게 했나

일본 파견에 앞서 양자 사이의 사전교섭에서 매회 실시세목〔절목강정(節目講定)이라고 한다〕이 결정되었는데, 이번에는 그 가운데 조선에서 보내는 국서에는 '일본국대군전하'라고 쓴다는 항목이 있었다〔『변례집요(邊例集要)』 권18〕. 지금까지 쓰시마가 개찬했다 하더라도 '일본국왕전하'라고 한 것에서 비롯된 커다란 변혁이다.

쇼군의 호칭을 어떻게 하느냐 하는 것은 막부에서도 여러 차례 논의되었다. 세이이타이쇼군(征夷大將軍)이란 율령제에서의 한 직책이다. 그리고 예부터 천황이 서임하는 형식을 취했는데, 도쿠가와 정권 역시 관위와 함께 그 직을 선하(宣下)받았다. 그러나 한나라와 당나라 때 쇼군은 중급 관료여서 한 나라의 왕권을 나타내는 용어로서는 부적당했다. 또 '국왕'이라는 호칭은 아시카가 요시미쓰(足利義滿)가 중국 황제에게 책봉된 때에 받았고, 그후 무로마치 정권하에서 조선 국왕의 국서는 모두 '일본국왕'으로 되어 있어 아시카가 쇼군도 아시카가 요시마사(足利義政)처럼 국왕을 자칭한 경우도 있다.

그리고 조선에서는 일본의 사절을 국왕사로 대우해 왔다. 그래서 쓰시마는 개찬 또는 위조한, 조선 국왕에게 보내는 국서에서 '국왕'이라고 칭해 온 것이다.

이에미쓰는 이 사실을 알고 국왕 칭호를 싫어한 것으로 생각된다. 또 곤치인스덴(金地院崇伝)과 하야시 라잔(林羅山)은 조선과의 대등한 관계를 나타내는 국왕이라는 호칭을 어떻게든 피하고자 하는 생각에서 국왕 호칭을 꺼린 것으로 보인다. 결국 노중을 포함하여 논의를 거듭한 가운데 다른 칭호였던 대군을 선택했던 것이다. 이케우치 사토시(池內敏)는 대군의 유래를 도쿠가와 씨가 미나모토(源) 씨의 후예인 쇼군이라는 의미를 지닌 대수원군(大樹源君)의 약칭으로 무가의 존칭으로 쓰여 왔다고 한다〔『대군외교와 「무위」(大君外交と「武威」)』〕. 경과는 어찌되었든 이 시기 막부 내에서는 조선과 일본의 새로운 관계를 정리함에 있어 이것이 대단히 중요한 문제로 인식되었다.

통신사 일행이 국서 전달 후 에도에서 막료로부터 왕에게 보내는 회답서를 받았을 때, '일본국원가광(日本國源家光)'이라 쓰여 있을 뿐 대군이라고 자칭하지 않았다. 정사 임 광이 그 이유를 묻자, 대군은 국내에서 쓰는 존칭이므로 귀국의 국왕에게 보내는 국서에는 쓸 수 없다는 대답을 들었다〔임 광, 『병자일본일기(丙子日本日記)』〕.

또 하나의 개정은 '간에이'라는 일본 연호가 쓰여 있던 것이다. 이에 관하여 노중 도이 도시가쓰는 중국(명)의 책봉을 받지 않은 상태에서 일본 연호를 쓰는 것이 오히려 당연하지 않느냐고 반문했다. 그리고 국왕 칭호와 명 연호를 지금까지 사용해 온 것은 야나가와 일가의 간계로, 그것이 없어진 지금 도쿠가와 왕권의 본래의 대외 자세를 명확하게 하기 위한 개정이라는 답변이었던 것이다.

외교 질서의 재편

이처럼 두 명의를 고친 일은, 17세기 초부터 중기에 걸친 도쿠가와 정권의 대외관계 전체를 생각해 볼 때 매우 중요하다. 로널드 토비(Ronald P. Toby)는 이 결과 "일본은 동아시아의 중국 중심의 화이(華夷) 질서로부터 자립을 이루어 내 일본을 중심으로 하는 중화의식을 바탕으로 한 외교 질서를 재편했다"〔『근세일본의 국가 형성과 외교(近世日本の國家形成と外交)』〕[36]라고 했다.

그러나 일본은 현실적으로는 어렵다 하더라도 감합무역 재개의 꿈을 완전히 버린 것은 아니었다. 그리고 조선과의 대등 외교,

36. 로널드 토비는 이것을 '일본형 화이의식'이라고 한다. — 옮긴이 주

부산 왜관 무역의 인지, 류큐왕국의 복속과 사쓰마 · 류큐 간 무역의 묵인, 나가사키에서의 중국 · 오란다 상인 간 민간 무역의 지속, 포르투갈 상선의 내항 금지 그리고 아이누와 마쓰마에번의 교역 지속 등 일련의 대외정책은 이 간에이기,[37] 즉 1630년대의 기독교 엄금과 함께 확정되었다. 그것은 지금까지 보아 온 것처럼 명나라가 멸망하고 청 제국이 등장하면서 조선 독립의 위기가 오는 동아시아의 일대 전환기에 직면한 일련의 정책이었다고 할 수 있다.

그리고 또 막부 수뇌부의 중추는 문교 · 외교 두뇌의 중축이 되어 온 하야신 라잔과 곤치인스덴 같은 지식인이 가지고 있는 전통적 일본 우월의식을 억지하고, 유일하고 대등하면서도 도쿠가와 정권의 위엄을 손상하지 않는 관계를 조선과 형성하고자 한 것으로 생각된다. 이것을 아라노 야스노리(荒野泰典)는 '일본적 해금체제(海禁體制)'라고 부른다〔『근세일본과 동아시아(近世日本と東アジア)』〕.

어쨌든 이 시기에 해당하는 1636년(간에이 13) 조선통신사를 맞이하는 것을 계기로 성립된 도쿠가와 정권의 외교 질서는 그 뒤로 200년 이상 일본의 동아시아 외교를 규정하게 되었다. 이러한 측면에서 생각하면, 이 외교 질서를 '쇄국의 완성'이라고 부르

37. 도쿠가와 막부의 제3대 장군 도쿠가와 이에미쓰가 집권한 1623~1651년 사이의 시기 중 1624~1644년의 20년간을 말한다. — 옮긴이 주

는 사람들이 이러한 실태를 얼마나 정확히 알고 있었는지 의심스럽다. 확실히 통신사 외교 내지 대군 외교가 외교 질서의 중축이었던 것이다.

제3장

'위엄'과 대등외교의 틈새

가노 단유(狩野探幽), 「도쇼샤연기회권(東照社緣起絵卷)」 권4 부분, 닛코토쇼구 보물관(日光東照宮寶物館) 소장.

통신사의 닛코 참배

1617년 4월 17일 스루가 구노잔(駿河久能山)의 도쇼사(東照社)에 안치되어 있던 도쿠가와 이에야스의 사당이 승려 덴카이(天海)의 발의에 의해 시모쓰케국 후타라산(下野國二荒山)의 기슭에 옮겨진 후, 쇼군 도쿠가와 이에미쓰(德川家光)는 고산케(御三家)[38]와 여러 다이묘뿐만 아니라 칙사나 몬세키(門跡)[39]들을 거느리고 참배하고 신격도 도쇼다이곤겐(東照大權現)으로 고쳤다. 그야말로 국가 사직의 성역이 되었던 것이다. 대략 금 57만 냥을 들여서 조영한 건물들은 사치스러웠다. 네 번째 조선통신사가 에도에 도착한 얼마 후에 이에미쓰는 통신사가 닛코(日光)의 새로운 사당에 참배해 주기 바란다는 말을 꺼냈다. 그 의도는 말할 것도 없이 위대한 선조인 도쿠가와 이에야스가 연 도쿠가와 막부의 위엄을 외국 사신에게 보이고, 또 국내적으로도 도쿠가와 정권의 위용을 거듭 알리고 싶었던 것이다.

---

38. 도쿠가와 씨 중에 쇼군가 다음으로 세력이 있는 오와리(尾張), 기이(紀州), 미토(水戶)의 세 가문을 가리킨다. — 옮긴이 주
39. 황족이나 귀족이 주직(住職)을 담당하고 있는 특정한 사찰. — 옮긴이 주

정사 임 광 등은 당초 왕명이 없는 일이라며 거부했다. 그러나 막부는 강경했다. 당시 야나가와잇켄(柳川一件)의 처리를 둘러싸고 이에미쓰의 결정이 내려졌으나, 막부의 수뇌부 사이에서는 도이 도시카쓰(土井利勝)와 하야시 라잔(林羅山)처럼 야나가와 씨를 지지하는 이들과 이이 나오타카(井伊直孝)와 다테 마사무네(伊達政宗)처럼 소 씨를 지지하고 있는 이들 사이에 불화가 계속되고 있었다. 반(反)소 씨 측은 통신사를 영접하는 소 요시나리(宗義成)에게 무슨 일에든 트집을 잡아 역할에 실패하는 인상을 만들고자 했다. 그 일은 통신사에게도 알려져 사행록에도 기록되었다.

닛코 참배 문제는 소 요시나리에게 명령이 내려졌고 그는 설득하려고 노력했지만 통신사 측은 강하게 거부했다. 막부는 만약 일행이 닛코에 가지 않는다면 한 사람도 조선에 돌려보내지 않겠다고 했다. 일단 쇼군의 명이 떨어진 이상, 그것이 받아들여지지 않으면 국가의 위신에 관계되기 때문이다. 또 설득이 되지 않을 경우, 소 요시나리를 실각시키는 이유가 된다. 설득에 나선 쓰시마번의 관리들은 통신사 측 통역에게 "만약 이 이상 거절한다면 여기서 귀 측을 찌르고 죽겠다"라고까지 말했다. 그래서 통신사 측은 소 씨의 입장을 고려하여 결국에는 국서 전달 후 닛코행을 승낙했다.

그해 12월, 세 사신 이하 418명 가운데 214명이 소 요시나리의 안내로 에도를 출발하여 닛코로 향했다. 그런데 일행이 신쿄(新

橋) 근처의 요메이몬(陽明門)을 지나 도쇼구(東照宮)까지 가서 중문 안으로 들어갈 것을 권유받았을 때 때마침 부는 눈보라를 이유로 하산해 버렸다. 참배가 신경 쓰였던 일행이 닛코를 제목으로 하여 지은 시 가운데 부사 김세렴의 시를 제외하고는 모두 닛코의 경치를 읊을 뿐 이에야스를 칭송하는 것은 없다. 이때의 통신사 세 사신이 남긴 사행록 모두에는 닛코산 유람은 있지만 참배에 해당하는 문구는 없다.

그런데 일본 측의 기록에는 이때 사신의 참배가 있었다고 하며, 『도쇼샤연기(東照社緣起)』에는 이렇게 기록되어 있다.

"이에야스의 인덕을 그리워하여 외국인이 통역을 데리고 왔다. 최근에 조영한 신사와 절이 매우 훌륭하다고 칭찬하고 감상했다. … 이에야스의 치세를 현세에도 내세에도 하늘의 해와 빛이라고 존경하며 이야기했다."

통신사 일행이 닛코에 간 것을 도쿠가와를 찬미하는 데 최대한으로 이용한 것이다.

다섯 번째가 되는 통신사의 다음 내빙은 1643년〔간에이(寬永) 20〕이었다. 이때는 그때까지 네 번의 조선 사절 영접을 무사히 끝낸 쓰시마번이 막부의 의향을 앞질러 조선 측에 통신사 파견을 요청하는 형태였다. 말하자면 이에미쓰가 간절히 바라던 아들 이에쓰나(家綱)가 태어난 것을 축하하며, 이에미쓰가 닛코를 대대적으로 개수하고 석조 다보탑을 세웠기 때문에 이에야스 사당 앞에서 제전을 열고 그 소요 물품의 기진을 요구하는 것이었다.

주악의 시작을 알리는 악기 샤쿠(柷), 닛코산 린노지(日光山輪王寺) 소장.

쓰시마가 막부에 잘 보이려고 하는 것으로 보여 조선 측은 거부하는 자세를 취하며 쓰시마에 반감을 가졌지만, 이 요청을 수락할 수밖에 없는 정세가 존재했다. 그즈음 후금은 나라 이름을 '대청(大淸)'으로 바꾸고 1636년 대군을 조선에 보내 인조를 항복시켰으며, 이후 조선은 매년 조공과 청군을 위한 군량 공출을 명령받고 있었기 때문이다.

국내 사정으로 보면 통신사를 파견할 처지가 아니었으나, 쓰시마의 제안에 응하는 것은 큰 일을 이루고자 한다면 작은 일에 구애되어서는 안 된다고 판단하여 그 요청에 응하기로 했다. 다만 에도에서의 국서 전달 후 세자 알현은 전례가 없고, 또 세자가 아직 매우 어리므로 배례 행사는 거부하고 선물을 전달하는 데에 그쳤다. 쓰시마의 무리한 요구에 대한 일종의 저항이었다.

닛코로 보낼 기진으로는 대장경, 인조의 친필, 동종(銅鐘), 삼구족(촛대 · 향로 · 화병) 등이 요구되었다. 그 가운데 대장경은 판본이 소실되었다는 이유로 거부하고 친필은 선대의 왕자에게 쓰게 했다. 그것은 '닛코정계(日光淨界)'라는 편액으로 만들어졌다. 또 사당 앞에서의 사배례 요구에 관하여는 이에야스 때 이배례가 규정으로 결정되었다면서 거절했다. 동종은 조선에 구리가 부족하다면서 쓰시마에서 구리를 수입하여 제조한 후, 통신사와는 별개로 배로 에도까지 보냈다.

이 기진물들로 장식된 이에야스 사당 앞에서 일행에 특별히 추가된 독축관(讀祝官)이 조선의 말로 한문 제문을 읽고, 마찬가지로 기진된 조선의 유교 제사에 쓰이는 악기가 예악을 연주하는 가운데 의식은 순조롭게 끝났다.

이 닛코 참배는 그 다음 제6회 1655년〔메이레키(明曆) 원년〕에도 거행되었다. 이때 조선 국왕은 효종이었다. 한편 지난번 통신사를 맞았던 이에미쓰가 1651년〔게이안(慶安) 4〕에 48세로 세상을 떠났다. 효종은 '영산법계숭효정원(靈山法界崇孝淨院)'이라고 쓴 친필을, 조부 이에야스와 같은 땅에 묻도록 유언한 이에미쓰의 대유원영묘(大猷院靈廟)에 보냈다. 악기와 초롱도 같이 보냈다. 이 조선통신사의 닛코 참배에 앞서 1653년〔조오(承応) 2〕에는 류큐 국왕의 경하사(慶賀使) 구니가미(国頭)인 마사노리(正則) 일행이 막 신축을 마친 대유원영묘에 참배했다.

당시 쓰시마번도 번 내에 도쇼구를 지어 그 앞에서 연회를 베풀고 통신사로부터 부의를 받으려고 했으나, 사전에 결정되지 않은 일이라고 거절당했다. 또 쓰시마번은 주고받은 서계에서 전례에 없던 무례한 표현을 사용했다. 예를 들자면 '봉서'라고 해야 할 것을 '정서'라고 하거나 '예조참의대인'에서 '대인'을 뺐다. 이러한 일들이 거듭되자, 조선 측은 쓰시마번이 조선과 일본 관계의 유지를 위해서는 없어서는 안 되는 존재인 것을 인정하면서도 교활하고 간교한 존재라고 생각하지 않을 수 없었다. 이러한 쓰시마번의 언동은 막부 권위를 빌린다든지 임진왜란 때의 무력의 위세를 새삼 휘두르는 것으로 받아들여졌다.

여하튼 두 번의 닛코 참배는 그때까지 일본에서 거행되지 않았던 유교식 제전이 공식적으로 행해졌다는 점에서 문화사상으로 특별한 가치를 지닌다. 이 유품들 중 몇 가지는 지금도 닛코에 남아 있다. 조선 측에서는 닛코 참배가 그후에도 거행되리라고 생각하고 있었던 것 같은데, 1682년〔덴와(天和) 2〕 사절 때 일본 측이 쓰나요시(綱吉) 쇼군이 아직 참배하지 않았다는 이유로 거절했다. 실제로는 쓰나요시가 5대 쇼군을 세습한 전후, 태풍과 지진 등의 재해로 입은 피해가 커서 쌀값이 폭등하여 쓰나요시는 기강을 세우고 재해 피해자의 구휼에 몰두하여 선조의 묘소 참배마저 에도 부내 모미지야마(紅葉山)에서 했다.

어쨌든 조선통신사의 닛코행은 에도성에서의 빙례 행사에 덧붙여 도쿠가와 정권의 위엄을 사람들에게 인식시키려는 것이었다. 아마 1624년(간에이 원년)의 내빙 행사를 모델로 삼아 그려진 것으로 생각되는 「에도도병풍」(도쿄도에도도쿄박물관 소장) 여섯 폭은 조선통신사의 에도 입성을 중앙부에 그려 넣어 이 시기 도쿠가와 정권의 위엄이 국제적으로 확대되고 있다는 점을 표현하려고 했을 것이다. 이것은 노중이던 이즈노카미(伊豆守) 마쓰다이라 노부쓰나(松平信綱)의 제안이었다. 닛코의 「도쇼샤 연기회권(東照社緣起絵巻)」이나 오와리국 나고야(尾張国名古屋)나 기슈국 와카야마(紀州国和歌山)의 도쇼구 제례를 그린 그림에 통신사를 묘사하는 행렬이 들어간 것도 같은 의도로 간주해도 좋다.

천황은 허세인가 — 통신사의 다양한 해석

도쿠가와 씨가 근세일본의 왕권을 확실하게 장악하고 그것을 바탕으로 막번국가체제가 안정적으로 운영되고 있다는 것은 통신사가 회를 거듭하면서 조선에 잘 알려졌다.

1636년(간에이 13)의 부사 김세렴의 『해사록(海槎錄)』에는 다음과 같은 기록이 있다.

> 그 나라 사람은 병 · 농 · 공 · 상 · 승의 다섯 종류가 있다. 그 가운데 병은 의식에 가장 여유가 있고, 상은 부유하지만 세금이 무겁고 나라에 드는 크고 작은 비용 전부를 부담하고 있다. 공은 기예로서 그 가치가 낮다. 농민은 매우 괴롭다. 그렇지만 세금 외에 역은 없다. 인민은 번성하고 군병은 무수히 많다. 언제나 싸움에 임하며 적이 있는 것처럼 성벽에 무기를 갖추고 있었다.

도쿠가와 정권은 평화롭고 태평하지만, 반란에 대비해 방비도 태만하지 않는다는 것이다. 그런데 조선에서 온 사절들은 천황의 존재를 알고 있어서 여행 중에 접한 일본인에게 천황에 관한 여러 지식을 얻으려고 했다는 대목이 있다. 본디 아시카가(足利) 정권 초기에 아시카가 씨는 자신을 '장신(將臣)'이라고 칭하는 서한을 조선에 보내왔다. 1443년〔가키쓰(嘉吉) 3〕 통신사의 서장관(書狀官)으로서 교토에 갔던 신숙주는 보고서인 『해동제국기(海東諸國紀)』 안에서 천신(天神) 7대에서 시작하여 고하나조노(後花園)천황까지의 이름, 혈족 관계, 그 대에 일어난 중요한 일들을 자세하게 소개하고 있다. 그 자료로는 들은 것 외에 그 전거로 『일본서기(日本書紀)』, 육국사(六國史)[40] 등을 손에 넣었음이 틀림없고, 전승·사적과 함께 대부분 정확하게 기록하고 있다.

앞에서 설명한 것처럼 도요토미 히데요시는 조선 국왕에게 일본의 다이묘들처럼 천황에게 배알할 것을 요구했다. 쓰시마의 소 요시토모(宗義智)는 이것을 통신사 파견으로 바꾸어서 조선을 설득했다. 그 결과 히데요시는 교토에 온 조선통신사를 천황에게 알현시키려고 도모한 적이 있다. 히데요시는 관백의 입장에서 고요제이(後陽成)천황의 이름으로 여러 다이묘에게 군역을 발동하

40. 나라 시대에서 헤이안 시대 전기에 걸쳐 칙명을 받아 엮은 여섯 가지 역사책을 통틀어 이르는 말. 한문으로 쓰인 편년체로 『일본서기』, 『속일본서기』, 『일본후기(日本後紀)』, 『속일본후기(續日本後紀)』, 『일본몬토쿠천황실록(日本文德天皇實錄)』, 『일본삼대실록(日本三代實錄)』의 여섯 책. 『일본서기』를 제외하고는 모두 헤이안 시대에 엮어졌다. — 옮긴이 주

여 군중 지배 정치를 행했기 때문이다.

이때 부사 김성일은 『해사록』에서 다음과 같이 지적했다.

> 관백이란 어떤 사람인가. 위황(僞皇)의 대신이다. 관백은 대신이지 국왕이 아니다. 하늘에는 두 개의 해가 없고, 땅에는 두 왕이 없다. 일본에서는 위황이 나라의 군주이다. 즉 관백은 신하이다.

김성일은 동아시아적 명분론의 입장에서 중국 황제를 의식하고 일본의 천황을 위황이라고 단정하고, 천황이 국정에 관여하지 않는다 하더라도 나라의 군주이고 관백(히데요시)과 항례(대등한 교제)를 해야 하는 것이 아니다. 아시카가 정권 말기 세속적 권력으로서는 무력한 천황이지만, 히데요시가 천황의 서임권 등을 인정하고 관백의 자리를 주청하여 천황 권위를 빌려 중앙정권으로서의 정당성과 권력을 발동할 수 있었다는 당시의 실태를 잘 파악하고 있다.

그러나 도쿠가와 정권 성립 이후 천황과 쇼군의 관계는 또 다른 양상을 보이게 되었다. 도쿠가와 이에야스는 도요토미 정권을 타도한 뒤, 교토 지배를 위해 1615년〔겐와(元和) 원년〕 7월 「금중병공가제법도(禁中竝公家諸法度)」[41]를 공포하고 조정 내에 무

41. 에도 막부가 천황과 공가에 대한 관계를 확립하기 위해 정한 법령. 전문 17조로 되어 있으며, 천황의 직무와 좌차 · 무가의 관위 등을 자세히 규정하고 있다. — 옮긴이 주

가전주(武家傳奏)[42]를 두어 막부 명령의 전달, 중요 사항에 있어 막부의 사전허가 등을 강제로 시행했다.

도쿠가와 정권에서 이에야스, 히데타다, 이에미쓰의 3대는 교토 또는 후시미에서 장군 선하를 받았다. 서국 다이묘에 대한 시위 또는 기내 지배를 위해 그 편이 적절한 정책이라고 판단했던 것이다. 그러나 4대 장군 이에쓰나 이후는 에도에 칙사를 파견했다. 쇼군 직 서임은 이미 형식상의 일이 되어 버렸기 때문이다.

에도 시대 첫 회답겸쇄환사의 부사였던 경 섬은 상세한 사행록인 『해사록』을 남기고 있다. 이 책은 이후 통신사의 일본 보고서의 모범이 되었는데, 그 가운데 천황에 대한 관찰은 다음과 같이 쓰고 있다.

> 천황은 허명을 안고 있다. 다만 지금은 하늘에 제사를 지내고 부처에게 절하는 예를 행한다. 천황이 필요로 하는 물자는 이즈미(和泉) · 야마시로(山城) 두 주의 세금에서 지급한다. 매달 첫날 관백은 여러 장수를 이끌고 배알한다. 여느 때에는 배알하지 않고 서로 만나도 예를 행하지 않는다. 관백이 국정을 돌보는 것은 이때 시작되었다. 천황의 관속은 그 녹을 세습하고 하는 일이 없다. 전쟁이 있다 하더라도 천황과 그 관속들은 방관할 뿐이다.

42. 무로마치 시대에서 에도 시대에 걸쳐 조정에 두었던 관직으로, 공경의 임명을 무가의 주청에 의해 조정에 권하는 책임을 가지고 있었다. — 옮긴이 주

또 1617년(겐와 3)의 종사관 이경직에서 『부상록』에 다음과 같이 기록하고 있다.

> 쇼군과 관백은 다르지 않다. (중략) 소위 천황은 존귀한 지위에 있지만 국사에 관여하지 않으며, 다만 관직을 임명하고 옥새를 찍을 뿐이다. 관백의 서임은 천황의 답인에 의한다. 그래서 관백은 사은의 서계를 보내고, 비단 한 필과 칼 한 자루를 바친다.

모두 당시의 천황이 서임권·제사권·윤지(綸旨)·선지(宣旨)를 행사하는 권위임을 거의 정확하게 인식하고, 관백과 쇼군은 같다고 해석했다. 이러한 천황허위론이 통신사가 가진 천황관의 한 견해로 고정되었다. 또 하나의 천황관은 앞에 인용한 1636년 부사 김세렴의 견해이다. 그는 "국정 및 인국의 빙문에 천황은 관여하지 않는다. 천황과 쇼군의 위치가 뒤바뀐 것은 미나모토노 요리토모(源頼朝)에서 시작되었다"라며 무가정권에 의한 천황가의 쇠락이 시작되었음을 알고 있다. 그러나 일본에서 온 국서의 의미를 처음에는 잘 이해할 수 없었다고 한다. 일본 국왕의 회답서는 모두 중간(쓰시마)에 첨서되었다는 사실, 일본에서는 '왕'이라고 칭하지 않으며 모두 쇼군가를 '고쇼(御所)'라고 부른다는 사실을 알았다. 그래서 도달한 결론은 다음과 같다.

"관백은 국명을 집행하는 신하이다. 그 나라에서는 천황을 군(君)으로 삼고 있다."

즉 중국이나 조선과 같이 명분과 상하의 질서를 중시해 온 나라의 관료층 상식으로 보면, 군신의 질서가 전도되어 있는 상태는 이해할 수 없는 정치체제로 비친 것이다. 그러나 일본 국내에서는 나름대로 천황 존숭의 관념이 있어 관백은 왕은 아니라고 자타가 공히 인정하고 있다. 그렇다면 도쿠가와 쇼군은 신하가 아닐까 하는 의문이 든다. 하지만 김세렴은 이것 이상의 결론은 구하지 않고 있다. 에도 닛코에서 보고 들은 도쿠가와 쇼군가의 위엄과 천황의 전통적 권위의 존재를 어떻게 해석하면 좋을 것인가. 역시 추측하기가 어렵다. 그는 가끔 여제 메이쇼(明正)천황의 시대를 언급하고 있다. "지금의 천황은 즉 여황이다. 좌우에 시남 20여 명, 나라 안에서는 이들을 일컬어 시녀라고 한다. 금수의 풍속을 가지고 있다." "천황은 허기(神器)[43]를 지킨다. (중략) 여황은 묘령이다. 선남을 밤낮으로 희롱한다." 흥미 본위의 기술이지만 남존의 관념을 상당히 갖고 있는 유교 사회의 관리가 본 여성 천황은 믿을 수 없는 존재였던 것이다.

천황과 동아시아

조선통신사의 사신들은 어떠한 경로로 천황의 지위나 관제에 대하여 그러한 인식을 갖게 되었을지는 알 수 없다. 그 가운데

43. 천손강림 때에 천조대신으로부터 받았다는 거울 · 칼 · 구슬을 가리킨다. — 옮긴이 주

1719년〔교호(享保) 4〕 일본에 건너온 통신사 제술관 신유한의 『해유록(海遊錄)』은 쓰시마와 에도를 오가는 길에 일본인과 나눈 문답을 기록하고 있다. 신유한이 의문스럽게 여긴 것 중 하나가, 무가의 관위는 막부의 관할하에 있으면서도 실제의 직무나 영지와 아무 관계없이 천황의 이름으로 서임되고 있는 것의 모순이었다. 즉 "관위와 직분이 서로 천 리나 떨어져 있는 것이 아닌가"라고 묻고 있다.

여기에 대하여 동행한 쓰시마번의 학자 아메노모리 호슈(雨森芳洲, 1668~1755)는 "일본의 관제는 귀국과는 크게 다르다. 그것을 말해도 쉽게 이해할 수 없다. 또 말하고 싶지 않다"라며 회피했다. 「금중병공가제법도」에서는 "무가의 관위는 천황가 외의 사람으로 구성해야 한다"라고 하고 있다. 그 결과 막부는 공가의 재직자 유무에 상관없이 여러 다이묘나 막신에게 훈공으로서 관위와 관직을 주어 선심을 썼다. 예를 들어 쓰시마노카미나 중납언(中納言)이 동시에 복수 임관되는 일이 생겼다. 신유한은 "이것은 분명 군신의 본분을 구별하지 못하는 것이다"라고 비판하여 아메노모리 호슈를 쩔쩔매게 했다. 또 쇼군의 지위에 관해서도 관백은 국군(國君 : 한 나라의 군주)이라고 칭해도 천황의 조정에서는 정이대장군의 반열이다. 황경(皇京)의 정종일위(正從一位)는 반드시 "대납언(大納言), 좌우집정, 대집정 부류"라고 한다(『해유록』)면서 율령제 관직에 관해 대략적으로 알고 있었다. 그러나 신유한은 더 이상 깊이 탐구하지 않았다. 그는 이 문제를 깊이 생각해 보아도 '대군' 칭호를 조선 측이 용인해 온 경과를 고려할 때 의미가 없다고 판단하여 이 문답을 끝냈고, 호슈도 어려운 문제의 답변을 미루며 그만두었다.

1764년〔호레키(宝暦) 14 · 메이와 원년〕의 정사 조 엄은 이 문제에 명확한 의견을 표명하고 있다. 그에 따르면 도쿠가와 쇼군이 국왕이든 대군이든 "지금 군도 아니고 신도 아니어서 명칭이 정확치 않다. 그리고 쇼군의 위치는 분명 신하이므로 이와 대등한 의미를 담아 조선 국왕과 항래하는 것은 좋지 않다. 즉 왜황과 항례해야 한다"〔조 엄, 『해사일기』〕라고 말했다. 이 지적이 일면 정당성을 가졌음이 뜻밖에도 메이지유신 후 조선 · 일본 국교의 좌절에서 드러나고 있다. 바꿔 말하면 어떻게 포장하든 일본의 천황이라는 존재는 동아시아 국가들의 대외관계에서는 모순의 상징이었던 것이다.

천황은 통신사를 만났는가

그럼 역대 천황은 통신사를 그 눈으로 본 적이 있었을까. 또 조선통신사가 방일하여 교토에 오는 것 등을 알고 있었을까.

전자에 대해서는 사료로 보는 한 없었다고 말할 수 있다. 앞에서 언급한 바와 같이 가마쿠라 시대의 겐코(元寇), 몽골에서 책봉을 요구하는 국서가 왔을 때 이미 천황과 그 주변 공가 세력은 외교권을 스스로 포기하고 있었다. 따라서 좋든 싫든 간에 무가가 외교 안건을 처리해야만 했다. 그리고 아시카가 요시미쓰(足利義滿)는 그러한 정치 상황을 역으로 이용하여 명 황제에게 일본 국왕의 지위를 받아 내고 감합무역의 이권을 수중에 넣었으며, 조선에 일본국왕사를 파견하고 통신사를 맞았다. 조선에 대해서도 이러한 대외관계의 향방을 천황과 그 주변은 다만 지켜보는 데 그쳤다. 천황의 지위와 권위가 심하게 흔들린 무로마치 시대 후반부터 전국 시대에 걸쳐 대외문제에 천황을 내세운 적은 없었다. 다만 오다 노부나가는 대외문제에 천황을 끌어들인 적은 없었지만, 오사카 이시야마혼간지(石山本願寺)와의 전투에서 어려움을 겪을 때 천황의 칙령에 의해 일시 휴전으로 넘기는 최후의 수단을 쓴 사실에 주목할 필요가 있다. 도요토미 히데요시의 정권은 진일보하여 관백이 되어 칙령에 의해 천하통일을 추진해 갔다.

조선 침략에 대해서도 일부 사료는 다이묘가 '칙령'이라고 칭했다고 하지만, 전부 칙명이었는지는 확실하지 않다. 그러나 초기의 승리에 취한 히데요시가 고요제이천황의 북경 행차를 구상하고 있었다는 기록이 있다. 즉 히데요시는 천황을 이용하여 대외 전쟁을 수행하려 했다. 이것은 역설적으로 말하면 히데요시 정권의 치명적인 약점이기도 하다. 즉 완전한 무가정권으로서는 행동할 수 없었던 것이다. 그뿐 아니라 히데요시 자신의 조선 도해를 칙명으로 연기하려고 했던 것에서 볼 수 있듯이 천황 권위의 영향하에 서는 입장에 빠지고 말았다. 그러나 그 뒤를 이은 도쿠가와 이에야스는 달랐다. 오사카성에 농성하고 있던 도요토미 히데요리와의 화친을 권고한 고요제이천황의 「칙명강화」를 일축했다. 따라서 천황이 국내 통치는 말할 나위 없고 대외관계에 다시 등장하는 일은 있을 수 없었다. 막말의 혼란기에 천황이 정쟁의 장에 다시 등장하는 것은 아마 도쿠가와의 무가정권이 말기 상태에 돌입해 버렸다는 첫 번째 증거이기도 하다.

그러나 도쿠가와 정권이 초기, 그리고 안정해서 통치를 전개하던 시기에 천황이 외국 사절과 만난다는 것은 막부로서는 생각할 수도 없었다. 천황 측이 원했다 해도 거부당했을 것이고, 또 막부가 그 같은 일을 피한 것으로 보이는 기록이 있다.

앞서 언급한 바와 같이 도요토미 히데요시는 조선통신사의 천황 알현을 획책했지만, 주변 신하들의 반대로 자신의 저택 주라쿠다이(聚樂第)에서 회견했다. 그때 통신사는 다이토쿠지(大德寺)에서 머물고 있었고 에도 시대에 들어와서 제1~제3회도 역시 같은 다이토쿠지에서 묵었다. 그 이유는 확실하지 않지만, 교토의 큰 절이 아직 오닌의 난(応仁の亂) 이후 재건되지 않았다는 것도 하나의 이유이다. 제4회부터는 혼코쿠지(本圀寺)로 변경되었는데, 그 이유의 하나로 다음과 같은 사실이 있었다. 즉 혼코쿠지로의 변경은 쓰시마 번주 소 요시나리가 노중에게 한 문의에 비롯된 것이다.

소 요시나리는 다이토쿠지가 변두리에 있는 점, 궁에 가는 것도 아닌데 함부로 궁의 모습을 보일 필요가 없다는 점을 들며, 또

"지난번 신사가 교토에 도착했을 때, 행렬을 보시겠다는 뜻의 칙명"을 받은 적이 있으며 이번에도 그 같은 일이 있다면 어떻게 해야 하느냐고 노중에게 물었다. 그리고 그 결과로서 1636년부터 사절의 숙관은 다이토쿠지에서 혼코쿠지로 변경되었다. 그것은 천황과 조선 사절의 접촉을 기피한 막부 수뇌부의 판단이 아닐까 추측하고 있다〔『대군 외교와 「무위」(大君外交と「武威」)』〕.

확실히 1711년〔쇼토쿠(正德) 원년〕 통신사의 압물통사(일행의 화물을 관리하는 통역 책임자)를 지낸 김현문이 쓴 『동사록(東槎錄)』에 의하면, 일행이 에도로부터 돌아가는 길에 다음과 같은 일이 있었다.

> 이튿날 사시(오전 열시) 출발이 정해졌다고 한다. 들건대 왜황(천황)이 관광을 원하기 때문이라고 한다. (중략) 왜 천황 미나모토노 야스히토(源慶仁)는 9세에 즉위하여 지금은 11세이다. 사행 왕래 때에 반드시 관광을 나선다. 그 출발은 이른 아침이다. 따라서 왜경(교토)를 출발하는 날은 도주가 반드시 새벽에 출발하기를 청하는 것은 이 때문이다.

이때의 천황이란 나카미카도(中御門)천황으로 미나모토의 성을 쓰지 않는 실재하는 천황이다. 후에 교호 연간(1716~1736)에 도쿠가와 요시무네 쇼군의 명으로 베트남이 코끼리를 에도에 보냈을 때 코끼리를 보고 싶다며 코끼리에게 관위를 주고 관람한 인물이므로 조선통신사의 행렬을 보기를 희망했다는 것은 충분히 있을 수 있는 이야기다.

또 근세 초기에 교토 안팎의 풍경, 풍속, 마을의 종합적인 모습을 그린 「낙중낙외도(洛中洛外図)」 약 100종 가운데 조선 사절이나 조선인이 등장하는 그림은 12종이다. 그 가운데 이미 미국에 건너가 있는 그림이지만, 모사본이라고 불리는 그림에는 천황의 거주지 부근을 북상하고 있는 조선 사절이 그려져 있다. 조선 사절은 다이토쿠지를 왕복하며 당시 마을의 모습을 비롯해 천황의 거주지 서쪽의 아부라노코지(油小路) 또는 그 동쪽 거리를 지나간 것으로 보인다. 그 결과 일행은 천황의 거주지와 그 주변에 있던 천황가 가옥을 보았을 것이다. 쌍방이 흥미롭게 서로를 본 것이다. 하지만 실제로 천황의 조선통신사 행렬 관람은 없었을 것이다. 이는 초기와는 다르게 에도 시대에는 천황이 자신의 거처를 나와 교토 한복판을 거니는 것은 막부의 출장 기관인 교토소사대에 의해 엄격하게 금지되어, 가까이에 있는 상황의 거처 센토고쇼(仙洞御所)에 가는 것조차 뜻대로 되지 않았기 때문이다. 그렇지만 천황 주변의 인물들은 행동의 자유는 가지고 있었다.

1624년(간에이 원년) 때 "관위가 대단히 높은 천황 궁인이 우리나라 사람들의 인물과 위엄 있는 차림새를 보려고 부하를 이끌고 다이토쿠지에 왔다. 얼굴을 가린 것이나 복색이 평범치 않고 모시는 이도 그가 누군지 몰랐다. 물으니 그 사람은 하치조노도

노(八条殿)[44]라고 했다. 이는 천황 일족이다. 일몰을 기다려 머물면서 문을 닫고 악사를 청해 음악을 끝까지 듣고 돌아갔다"(강홍준, 『동사록』). 이 인물은 다음날 다시 찾아왔다. 아마 가쓰라리큐(桂離宮) 조영으로 이름 높은 하치조노미야 도시히토(八条宮智仁)이거나 그의 아들 도시타다(智忠)임이 틀림없다. 또 이때 축국(蹴鞠) 솜씨가 뛰어난 사람들도 다이토쿠지에 왔다. "그중 두 사람은 천황의 궁인이다. 의복은 비천한 자들이 입는 것이 아니었다. 기예는 절묘하여 한 번 즐길 만했다. 놀이가 끝나자 돌아갔다"(강홍중, 『동사록』).

이상의 내용으로 보면 조선 사절이 교토에 오는 것이 당시 천황의 귀에도 들어간 것으로 간주해도 좋을 듯하다.

천황 처소에 문물 전달

다음에는 문물을 보자. 호린 조쇼(鳳林承章, 1593~1668)라는 인물이 있다. 조쇼는 천황가의 가주지 하레토요(勧修寺晴豊)의 여섯째 아들로 고미즈노오인(後水尾院)과는 사촌형제 간이다. 그리고 쇼코쿠지(相国寺) 제95대 주지에서 로쿠온지(鹿苑寺) 제2대 주지가 되었고, 처음부터 주지를 지냈다. 당연히 교토의 신분이 높은

44. 다이라노 기요모리(平清盛)의 후손을 가리킨다. 헤이안 시대 말기의 무장 · 공경 · 정치가로서 무사로서 처음으로 태정대신이 된 인물. — 옮긴이 주

이들과 교제가 많았고, 17세기 중엽 교토의 고급 문예 살롱을 이끄는 리더가 되었다. 그는 『격명기(隔蓂記)』라는 일기를 남기고 있는데, 그 가운데 조선 사절에 관한 기사가 자주 등장한다. 1636년(간에이 13) 조소는 쇼코쿠지 제95대 주지로서 교토에 갔다. 그때 마침 조선통신사가 교토에 체류하고 있었다. 그리고 난젠지(南禅寺)의 곤치인겐료(金地院玄良)가 조선통신사를 영접하며 조선 국왕의 회답서를 정서하라는 이에미쓰 쇼군의 명령을 받고 마찬가지로 교토에 머물고 있었다.

호린 조소는 조선국 예조참판에게 보내는 회답서를 작성하라는 막부 집정(대로 · 노중)의 명령을 받아 "몹시 황공하다"면서 청서에 힘썼다. 다음 통신사 내빙이 있던 1643년(간에이 20) 및 1655년(메이레키 원년) 조소는 교토 시내에서 하인들을 데리고 통신사 행렬을 보러 나갔다.

야나가와잇켄 당시 쓰시마의 외교승으로 난부번(南部藩)에 유배되었던 기하쿠 겐보(規伯玄方)는 1658년〔만지(万治) 원년〕 교토로 돌아오는 것이 허락되었다. 이 승려는 이미 72세의 노령이었는데 호린 조소는 겐보를 그의 임시 거처로 찾아갔다. 그리고 겐보가 조선에 갔을 때 입수했던 황정약(黃精藥)을 받고 그것을 나중에 이즈모(出雲)에서 재배하여 고미즈노오인에게 바쳤다. 일종의 강장제였다고 생각된다. 그후 기하쿠 겐보와 천황의 친교가 시작되어 겐보는 황정약 외에 조선의 약재, 중국 부채, 조선 붓, 부용향, 다완, 큰 접시 등을 고미즈노오인과 그의 측근들에게 헌상했다.

도쿠가와 쇼군과 친번(親藩), 고산케 등에게는 매번 조선 국왕으로부터 막대한 보물이 보내졌다. 막부에서는 그 가운데 고려인삼, 유자 등의 일부를 파발꾼을 놓아 교토에 보내 천황이나 상황에게 헌상했다. 또 쓰시마의 소 씨는 소 요시자네(宗義眞)가 번주였던 조선 무역 전성기에 적극적으로 교토의 공가나 후다이다이묘(譜代大名)와의 혼인을 통하여 파벌을 형성해 두었다. 예를 들어 요시자네의 손윗누이와 산조 긴토미(三条公富), 요시자네의 딸들과 히노 스케시게(日野資茂), 다이고 아키타다(醍醐昭尹)가 혼인했다.

그 가운데 다이고가에는 통신사의 방일 때마다 선물이 보내졌다는 것이 조선 측 기록에 명기되어 있다. 그에 따르면 표범 가죽 · 색지 · 부용향황 · 황모필 · 진묵 · 흑마포 등이 보내졌고, 다이고가에서는 그 답례로 교토에 체재 중이던 통신사에게 말린 도미 한 상자와 어금대(御襟代) 300필 등을 보냈다. 조금 시대가 내려오면 가쓰라노미야가(桂宮家) 제7대인 야카히토(家仁)친왕(1703~1767)은 1719년(교호 4) 통신사를 보았다는데 『어일차기(御日次記)』에 상세하게 기록하고 있다. 행렬 순서에 따라 깃발 · 악기 · 인물의 관위 · 직책 등이 쓰여 있고, 행간에는 일본어 읽기와 조선어 읽기가 가나로 쓰여 있다. 황족과 공가들에게도 이국인을 보는 일생일대의 구경은 기다리고 기다리던 날이었음은 숨기고 있다.

아라이 하쿠세키의 빙례개혁

1636년의 대군 외교체제 시행 이후 세 차례에 걸쳐 이루어진 통신사 내빙에 대해 조선과 일본 사이에 커다란 마찰은 없었다. 그런데 1709년〔호에이(宝永) 6〕에 습직한 제6대 쇼군 이에노부(家宣)의 습직을 축하하기 위한 통신사 내빙을 둘러싸고는 몇 가지 분쟁이 발생했다. 그것은 이에노부가 고후(甲府)에 있었을 때부터 시강(주군에게 강의하는 학자)이었고, 이에노부가 세자로 결정되어 에도성에 들어오고 나서는 그의 보좌역, 쇼군 직을 계승하고부터는 측근의 한 사람으로서 내외의 여러 정책을 입안하고 쇼군의 재가를 얻어 실행하던 아라이 하쿠세키(新井白石, 1657~1725)의 개혁에 의한 것이었다.

아라이 하쿠세키는 기노시타 준안(木下順庵) 문하의 유학자로서, 그 추천으로 고후의 도쿠가와 쓰나토요(徳川綱豊 : 이에노부의 첫 이름)의 시강이 되었다. 그의 학풍은 폭이 넓어 매사에 모든 문헌을 섭렵하고 일에 임해서는 학자와 정치가다운 면모를 갖추고 있었다.

조선통신사와의 관계는 1682년(덴와 2)의 통신사 제술관 성 완에게 자작 한시집 『도정시집(陶情詩集)』을 주고 서문을 청하는 것으로 시작되었다. 이 시집은 조선 문인 사이에서도 높이 평가되었다. 그때까지 조선통신사와 접한 일본인의 시문에 대한 평가는 하야시 라잔을 포함하여 치졸하다거나 왜취(倭臭)가 난다는 등 폄하되는 경우가 많았다. 에도 시대 중반에 와서 드디어 해외에서 평가받는 문인과 작품이 등장하게 된 것이다.

아라이 하쿠세키의 초상.

아라이 하쿠세키는 이에노부 쇼군의 치세 초 조선 응접과는 별개로 큰 정책 세 가지를 세웠다. 하나는 오기하라 시게히데(荻原重秀)가 추진해 온 화폐개혁에 반대한 것, 또 하나는 나가사키 무역의 개혁이다. 이것은 나가사키에 입항하는 중국과 오란다 배의 수를 제한하고 연간 거래액의 총액을 정하여 그 범위에서 매입하며, 아울러 은·동의 수출은 제한하고 밀무역을 금지하려는 것이었다. 모두 이 시기 막부 재정의 건전화에 도움이 되었다. 마지막 하나는 지난해에 규슈 남쪽의 야쿠시마(屋久島)에 와서 기독교를 선교하려고 한 이탈리아인 시도치(Giovanni Battista Sidotti)[45]를 심문하여 그 보고서를 정리한 것이다. 그 결과 하쿠세키는 『채람이언(采覽異言)』, 『서양기문(西洋紀聞)』을 완결했다. 이 경험으로 하쿠세키의 시야는 크게 넓어졌다. 후에 조선통신사 정사 조태억과 필담

45. 1668~1714년, 이탈리아의 가톨릭 사제. 에도 시대 중기의 일본에 잠입해 잡혀 죽을 때까지 에도에 유폐되었다. 아라이 하쿠세키는 시도치와의 대화를 기초로 『서양기문(西洋紀聞)』 등을 저술했다. — 옮긴이 주

을 나눌 때 하쿠세키는, 자신은 해외에 나간 적이 없지만 앉아서 귀국의 사람들뿐 아니라 류큐 그리고 유럽의 오란다 사람과 이탈리아 사람을 만날 수가 있었다고 자랑스레 말하면서 이탈리아가 어디에 있는지 알지 못하는 조태억을 비웃었다〔『강관필담(江關筆談)』〕. 하쿠세키와 같은 특별한 지위에 있어야 가능한 이야기이나, 당시 지식인에게 쇄국적 의식은 없었다는 하나의 예이기도 하다.

하쿠세키의 역사관

하쿠세키의 역사관은 "알고 난 후에 믿는다"〔『귀신론(鬼神論)』〕는 그의 말에 보이듯이 실증주의에 입각해 있었다. 『일본서기』보다 『고사기(古事記)』의 기술을 중시하면서 "특히 외국의 역사, 삼한의 국사와 대조하여 정확하게 맞는 것"〔『고사통(古史通)』〕이 중요하다고 말하며, 또 "역사는 결과에 의해 기록하고 교훈을 보여주는 것"이라고도 말했다. 당시의 지식인 중에서는 일본중심적인 민족의식보다 보편성 · 합리성을 존중한 사람이라고 말할 수 있다. 하쿠세키는 도쿠가와 정권기의 역사에 대해 "왕조보다는 무가천하를 만들자고 하는 세상이 되었다"〔『독사여론(讀史余論)』〕는 무가정권합법론을 주장했다.

여기에서 뒤에 주장하는 도쿠가와 쇼군을 '국왕'으로 칭하자는 발상이 등장한다. 또 쇼군 측근 정치가로서의 입장에서 그는 신조(神祖) 도쿠가와 이에야스에 대한 찬미를 아끼지 않았다. 이에야스는 천명에 의한 통치자이며 군신의 대의를 지키고, 유덕선정(有德善政) 창시자였다고 한다. 조선과의 국교 회복도 그 같은 이에야스의 덕이 미치는 것이라고 했다.

"도쇼구 치세를 아시게 되어 전대의 잘못을 바로잡은 일 모두를 전해 듣는다. 또 우리 병사에 의해 잡혀 온 조선의 남녀가 되돌려 보내진바 3천 명 안팎에 이르니, 마침내 양국의 화평을 이루고 이로써 조선의 동서 백성은 전쟁을 잊는다. 또한 이미 100년에 이르니 우리나라가 다시 쌓은 은혜를 조선의 군신은 길이 잊어서는 안 될 바"〔『조선빙사후의(朝鮮聘使後儀)』〕라고 했다.

이어서 막부 창업 때는 무엇보다도 간소를 으뜸으로 삼아 "통신사가 올 때 그 빙례의 뜻을 분명히 세우는 데에 미치지 못한" 상태였다. 신사는 "원래 무사(武事)에서 조선이 우리나라를 이길 수 없음을 부끄러워하지 않는 것 같으면 처음부터 겨루지 않을 것이다. 그러나 문사(文事)에서 우리나라보다 우수하면 겨루어 올 것이다. 조선에서 사자를 맞이할 수 있게 된 것은 양국이 평화적인 좋은 관계를 만들었기 때문이다. 또한 조선 측이 우리나라에 경의를 표하지 않는 행동을 하나하나 비난할 것도 없다. 단지 통신사를 어떻게 응접하는가 하는 사례만이 소중하다"〔『조선빙사후의(朝鮮聘使後儀)』〕.

이상 조금 길게 소개했지만, 이 글은 하쿠세키의 조선통신사 빙례개혁의 의도를 잘 말해 주고 있다. 말하자면 일본은 무사(武事)에 뛰어나지만 지금은 양국 화평을 우선으로 해야 하며, 양국이 대등하다는 것, 사절의 영접은 가능한 한 간소화하는 것 그리고 일본의 문사(文事)를 보여 주는 것이 중요하다고 생각했던 것이다.

대등의 실행

대등의 실행으로서는, 조선 국왕이 보내는 국서에 '대군'이라고 칭하기를 그만두고 '일본 국왕'으로 칭할 것을 요청했다. 하쿠세키에 의하면, 중국 고전에서 대군은 천자를 가리키고 조선에서는 세자를 가리키는 말이기 때문에 한 나라의 왕권을 표현하는 말로서는 부적절하고, 도쿠가와 쇼군은 일본의 왕권을 장악하고 있는 패자이므로 왕권을 나타내는 말로서는 국왕이 어울리며, 천황은 여전히 예악을 관장하고 있으나 이미 왕권을 갖고 있지 않다고 했다. 따라서 조선 국왕에 대해 쇼군을 '일본 국왕'이라고 칭해도 문제없다는 것이다. 이에 조선 측에서는 논의 끝에 전례가 있다면서 받아들이기로 했다.

그러나 하쿠세키 자신이 말하는 것처럼 일본 국내에서의 설득이 최대 난제였다. 우선 노중이나 하야시 대학두(大学頭)[46] 등이 맹렬히 반대했다. 1636년(간에이 13)에도 곤치인스덴(金地院崇伝)이나 하야시 라잔 등이 국왕은 중국의 책봉을 받는 입장으로 보

46. 에도 시대 막부의 직할인 쇼헤이자카가쿠몬쇼(昌平坂学問所)를 관리하는 직책으로 1691년 이후 하야시가에서 책임자가 되었다. — 옮긴이 주

일 수 있다는 견해에서 국왕 칭호를 부적절하다며 배제했다. 그러나 하쿠세키의 시대가 되어서는 그러한 책봉을 받고 있지 않으니 문제가 없다는 인식이었을 것이다. 또한 쓰시마의 유학자로서 부임해 있던 기노시타 준안 동문인 아메노모리 호슈는 반대했다. 아메노모리 호슈는 하쿠세키를 "무식하고 도리를 저버린 유학자"라고 했고, 하쿠세키는 호슈를 "쓰시마밖에 모르는 학자"(『折たく柴の記』)라고 감정적으로 응수하며 다투었다.

그 외에 아라이 하쿠세키의 개혁에서 대등을 의도했던 것으로는, 예를 들어 통신사의 위문을 위해 오사카의 숙관에 쇼군의 이름으로 파견된 사자였던 오사카성 시로다이(城代)를 종래에는 통신사가 계단 위에서 영접했으나 이번에는 계단 아래에서 영접했다. 또 에도성의 오히로마(大広間)에서 조선 국왕의 국서를 이에노부 쇼군이 직접 받고 그 자리에서 하야시 대학두가 읽도록 했으며, 쇼군은 노중을 통해 조선 국왕의 안부를 묻는 방식으로 바꾸었다. 이것으로 행사의 형식이 보다 실질적이 되었던 것이다.

그러나 문제는 그 방식이었다. 준비교섭은 전례대로 쓰시마번의 관리와 조선의 역관 사이에서 이루어졌다. 하지만 하쿠세키의 「조선신사진견(朝鮮信使進見)・사연(賜宴)・사견의주(辭見儀注)」는 통신사 도착 두 달 전에 쇼군에게 제출되어 있었으나, 그 변혁 내용을 조선 측에 사전에 알리지 않은 사항이 많았다. 또 그렇게 변혁이 많은 것을 쓰시마번이 사전에 조선에 통지하기를 주저하여 국왕 칭호에 대해서 등 일행이 부산에 도착하고 나서 전해지는 형편이었다.

간소화로서는 연회를 베풀어 줄 때에는 고산케의 배석을 폐지하고 고가(高家 : 막부의 의전 담당 다이묘)의 측근이 했고, 도중의 접대 다이묘가 베푸는 여러 번의 노변 연회를 5개소〔아카마가세키(赤間関), 귀로에는 우시마도(牛窓) · 오사카 · 교토 · 나고야 · 슨푸(駿府)〕로 정했고, 나머지는 현물 식자재를 지급하는 것으로 했다. 그러나 도중 접대 관리는 의관착용을 의무로 하며 '내조(來朝)'라는 용어를 금지하고 '내빙'이라고 할 것 등 정중함을 나타내라고 지시했다.

또 에도성에서는 지금까지 연회 후에 노가쿠(能樂)가 열렸는데 이를 금지하고 교토에서 연주자를 불러서 열두 가지 연악(아악)을 시켰다. 이것은 대체로 호평이어서 중간에 조선에서 이미 쇠퇴하고 있던 고려악을 연주하여 통신사들을 즐겁게 했다.

그러나 이때 초빙 의식의 끝이 좋지 않았다. 일본과 조선 모두 선왕의 휘(죽은 사람의 생전 이름)를 서한문 중에 쓰지 않는다는 원칙을 세우고 있었다. 그런데 일본 측 회답서에 조선의 제11대 국왕 중종의 휘가 사용되었고 조선 측의 국서에도 이에미쓰의 휘가 쓰였다는 것을 알고 격렬한 공방 후, 쌍방의 국서를 고쳐서 일행이 귀국할 때 쓰시마에서 한 번 더 상호 교환하게 되었다. 아라이 하쿠세키는 이 모든 것을 혼자 도맡아 응대했다. 그 방식은 졸렬하고 다른 노중들을 무시했기 때문에 그들 문벌 노중으로부터는 '도깨비'라고 불리면서 미움을 받았다.

또한 하쿠세키는 일행의 숙관을 찾아가 정사 조태억과 통역 없이 필담을 나누었다. 두 사람은 몰두하여 한 치의 양보 없이 국제 정세를 비롯해 양국의 고전 예법, 중국의 예식, 중국 서적의 소재 등에 관해 토론하여 긴박감이 감도는 문답이었다. 그 결과로서 격의 없이 서로의 문화적 수준에 대한 인식이 깊어졌다고 말할 수 있겠다(『강관필담』).

쓰시마번의 아메노모리 호슈

아메노모리 호슈는 나이로는 아라이 하쿠세키보다 11세 어리다. 그러나 호슈가 먼저 기노시타 준안의 문하생이 되었다. 두 사람 모두 준수하여 후에 기노시타 문하의 오선생(五先生)[47] 또는 목문십철(木門十哲)[48] 가운데 한 사람으로 꼽힌다. 오미국 이카군 다카쓰키(近江国伊香君高月)가 고향인데, 태어난 곳은 확실하지 않다. 현재 다카쓰키에서는 호슈를 위대한 선각자로 높이 자랑하며 그 정신을 이어받고자 다양한 우호·교류 행사를 개최하고 있다. 호슈는 22세 때 스승 준안의 추천으로 쓰시마번의 관리가

47. 기노시타 준안 문하의 5인을 말하는데, 아라이 하쿠세키, 무로 규소(室鳩巣), 아메노모리 호슈, 기온 난카이(祇園南海), 사카키바라 고슈(榊原篁洲)이다. — 옮긴이 주

48. 오선생 외에 난부 난잔(南部南山), 마쓰우라 가쇼(松浦霞沼), 미야케 간란(三宅観瀾), 하토리 간사이(服部寛斉), 무카이 소슈(向井滄洲) 등 5인을 합한 10인을 말한다. — 옮긴이 주

되었다. 에도의 번저에서 근무하는 한편 학문을 닦기 위해 스승 밑에서 수학했다. 마침내 번의 명령에 따라 나가사키에 가서 중국어를 배웠고, 1693년〔겐로쿠(元祿) 6〕 쓰시마에 부임한 지 얼마 안 되어 맡은 직책은 조선향어용좌역(朝鮮向御用佐役)이었다. 1721년(교호 6) 사임이 받아들여질 때까지 부산에 가는 도선주(선장)와 통신사가 에도를 왕복하는 동안 호위와 접대를 위한 진문역(眞文役 : 외교 문서를 해독하고 기초하는 관리) 등 임시 직책을 맡았다. 호슈는 이때를 비롯하여 모두 일곱 차례에 걸쳐 부산 왜관에 갔다. 그 가운데 두 번은 학문을 닦고 조선어를 습득하기 위한, 소위 유학이었다. 그는 조선어 습득을 위해서 네이티브 스피커에게 직접 배울 것, 젊었을 때 배울 것, 서로의 언어의 내력과 차이점을 잘 비교하여 배울 것을 교훈으로 얻었다. 그 결과 그는 말년에 번주에게 제안하여 번에서 직접 운영하는 조선어 통역 양성소 한어사(韓語司)를 쓰시마에 만들고, 문집 『교린수지(交隣須知)』나 대역 학습서 『전일동인(全一同人)』 등을 간행하여 후진을 교육했다.

호슈는 재임 중에 쓰시마에서 에도까지의 왕복 길을 조선통신사와 두 번 수행했다.

첫 번째는 아라이 하쿠세키가 빙례개혁을 단행했던 1711년(쇼토쿠 원년)의 때이다. 에도에 있던 번사로부터 쇼군의 호칭을 국왕으로 바꾼다는 하쿠세키의 안을 듣고, 호슈는 "교린의 예는 불필요한 비용을 아끼고 오가는 길의 관리와 백성의 고통을 덜어 주는 것이 좋다"고 하더라도 국왕을 칭하는 일에는 놀라움과 괴로움을 참을 수 없다며 항의의 목소리를 높였다. 그러나 조선에 일본의 이러한 변경 의사를 통고하여 승낙하도록 해야 했다. 아메노모리 호슈는 아이러니하게도 그 특사로서 데라다 이치로(寺田市郎)라는 쓰시마번의 관리와 함께 부산에 파견되었다. 이때 통신사 일행은 이미 부산에 도착해 있던 터라 조선통신사가 그 뜻을 곧바로 한성에 전하자, 조정에서는 그것을 받아들여 칭호를 고친 국서를 보내왔다. 일본 출발까지 얼마 안 남은 시간을 두고 이런 일이 있던 한 달 간은 몹시 분주했다. 자신의 본뜻과는 다른 교섭을 명령받은 호슈의 마음은 결코 즐겁지 않았을 것임이 틀림없다.

통신사가 쓰시마와 에도 사이를 오가는 동안, 호슈는 쓰시마번의 진문역이라는 직책으로 통신사를 수행하는 일을 맡았다. 그리고 앞서 오사카에서 상관을 마중하는 일이나 에도에서 휘를 범했던 일, 더욱이 에도성 내에서의 작은 의례 변경에 수반하는 분쟁에 적잖이 괴로워했다. 특히 오사카에서, 번주는 막부가 조선 측에 이 이상 양보를 요구한다면 죽음을 무릅쓰고 설득하겠다며 조선 사신의 결단을 촉구했다. 아라이 하쿠세키가 계획했던 빙례개혁은 이러한 쓰시마번 상하 관리의 필사적인 노력으로 조선 측을 어렵사리 납득시킴으로써 무사히 행사를 종료할 수 있었다.

원래로 돌아간 빙례 행사

1712년(쇼토쿠 2) 이에노부는 젊은 나이에 세상을 떠났다. 유언에 의해 후사는 이에쓰구(家継)가 겨우 5세에 장군에 올랐다. 어리다는 이유로 쇼군 습직 축하의 통신사 내빙 행사는 곧장 열리지 않았다. 내외의 모든 정치는 측근인 마나베 아키후사(間部詮房)와 아라이 하쿠세키가 담당했다. 그러나 1716년 이에쓰구가 돌연 죽었다. 이때 도쿠가와 종가에는 후사가 없었다. 복잡한 정쟁 후 고산케 가운데 기슈(紀州) 번주 요시무네(吉宗)가 제8대 쇼군으로 영입되었다. 마나베 아키후사, 아라이 하쿠세키는 곧바로 사표를 제출하여 막부의 수뇌부에서 떠났다. 두 사람이 정권을 담당하던 시절 소외되었던 노중 등은 즉각 정책을 바꾸었다. 특히 조선통신사의 접대는 전부 1682년 때처럼 되돌려 하쿠세키가 행한 빙례개혁은 모두 뒤집어 버렸다. 일본 국왕은 다시 '대군'이라고 칭하게 되었고, 에도성 내에서의 빙례 행사도 원래로 돌아갔다. 논리를 넘어 원한조차 느껴진다. 그 뒤 조선통신사는 두 번 에도에 갔지만 의식과 영접 방식은 전부 1719년의 예에 따르게 되었다.

그 결과, 왕복 도정이나 에도에서의 분쟁은 줄어들었다. 그리고 안정된 교린관계가 계속되었다고 볼 수 있다. 하지만 그 결과 양국의 교린관계 형식이나 내실은 이대로 좋을 것인가 하는 기본적인 문제를 비롯해 동아시아 정세의 추이를 어떻게 볼 것인가 등 커다란 과제를 검토하는 일도 없이 그후 약 100년이 지나 버렸다.

호슈의 조선관

1719년(교호 4) 아메노모리 호슈는 다시 8대 쇼군 요시무네 습직 축하를 위해 내빙한 조선통신사의 쓰시마 · 에도 왕복에 수행했다. 그때의 문제는 귀로에 관례가 되어 있던 호코지(方広寺) 대불전 앞에서의 연회를 통신사가 갑자기 거부한 일이었다. 호슈는 어떻게든 원만하게 일정대로 진행하려고 항변했지만, 통신사 측은 "어떻게 히데요시의 원당(願堂) 앞에서 연회를 받을 수 있겠는가"라며 양보하지 않았다. 필사적으로 설득하여 매듭을 지었지만, 양자 사이에 끼어 있던 호슈로서는 몸이 오그라드는 심정이었을 것이다.

이 같은 체험 및 부산 왜관에서의 쓰시마 번사와 상인, 조선의 관리와 상인 사이에서의 견문은 여러 가지로 호슈의 마음을 아프게 하는 동시에 교훈이 되었다. 관직에서 물러난 후 그러한 경험들을 바탕으로 정리하여 번주에게 제출한 것이 『교린제성(交隣提醒)』이다. 이것은 호슈의 유언이라 해도 좋을 책이다. 그 내용에 대하여는 이 책의 끝 부분에서 다루겠지만, 1719년 통신사의 제술관으로서 내일한 신유한은 쓰시마에서 에도까지의 왕복 7개월에 조금 못 미치는 동안 호슈와 하루 종일 함께 행동하게 되었다. 그가 쓴 『해유록』에는 호슈의 언동이나 성격, 학식 등이 매우 자세하게 묘사되어 있다.

이때 아메노모리 호슈의 역할은 쓰시마번의 진문역으로서 여정을 원활하게 진행시켜 세 사신이나 통신원 수행원 사이에서 일본 측이 준비한 모든 행사나 절차를 설명하고 조정하는 것이었다. 이번에는 아라이 하쿠세키의 개혁이 원래로 되돌려져 특별한 과제는 없었으나, 그래도 앞에서 본 호코지 대불전 연회를 비롯해 쓰시마번에서 번주 앞에서 수창(酬唱)을 열었을 때에 신유한이 인사 방식에 이의를 제기하여 분쟁이 일어났다. 이때 호슈는 전례를 따르라며 쓰시마번의 입장을 설명했는데, 신유한은 이러한 경우의 호슈를 보고 '마음이 비뚤어진 사람'이라고 평가했다.

그러나 입장에 차이가 있는 것이니 호슈의 사람됨을 그렇게 보는 것은 가혹한 표현이다. 아메노모리 호슈는 이미 1729년(교호 14) 쓰시마번의 조선 담당 관리로서 바다 건너 부산에 갔었다. 그 임무는 재판(裁判)이었는데, 번의 전권공사로서 조선과 교섭하는 것이었다. 이때의 교섭 과제는, 첫째 공작미(公作米)의 연한 교섭, 둘째 공작미의 질이 나빠 그 가운데 물이나 모래가 섞여 있는 것조차 있으므로 산지로부터 왜관에 직송하게 할 것, 셋째 쓰시마에 가져온 고려인삼이나 면실유의 질이 떨어졌기 때문에 본래대로 양질의 물품을 가져오는 것이었다. 공작미란, 쓰시마가 변함없이 쌀 부족으로 고통을 당하고 있어 기유약조에서 수입이 약속되어 있는 목면을 쌀로 바꾸어 수입하는 것인데 그 연한을 갱신하여 계속하는 것이었다.

서로 입장이나 체면 때문에 이 교섭은 난항을 겪어 1년 이상 부산에 체류하게 되었다. 그러나 그 성의가 인정되어 대체로 쓰시마의 주장이 통했다. 그 이전 막부가 화폐 개조를 했기 때문에 무역대은의 질이 저하되었지만, 호슈는 이때도 번의 사활 문제로서 막부에 호소하는 일에 진력을 다했다.

이때 호슈의 논리는 쓰시마는, "교역을 통해 그 이익으로 사람들을 먹이고 군비를 점검하며 국경을 지키는 부대를 세워 이국을 막는다." "그렇다면 도쇼 대군(東照大君 : 도쿠가와 이에야스)께서 허락해 주셔 쓰시마의 교역은 오로지 영지를 내려주시는 것이나 다름없다"〔『인교시말물어(隣交始末物語)』〕라는 것이었다. 이윽고 번은 겐로쿠기(1688~1704년)를 정점으로 하여 급속하게 감소하기 시작한 조선 무역 대신 막부로부터 보조금을 받는 데 성공했다. 다시 말해 조선통신사의 왕래에 소요되는 쓰시마번의 비용이 교역에 의해 조달되지 않을 경우 막부가 보조해 준다는 것이다. 그리고 호슈는 기회 있을 때마다 "소라의 껍질이 밑으로 내려갈수록 가늘어지듯이, 시대가 흘러감에 따라 줄어든 조선과의 교역은 흥정이나 잠상(밀무역)을 단속하여 진심으로 해야 한다"라고 진언했다.

아메노모리 호슈라고 하면 대조선 외교의 표면에서 중요한 역할을 한 이로 일컬어지지 않는 건 아니나, 실은 지금까지 본 것처럼 그늘에서 그 역할을 다했으며, 근심이 떠나지 않고 눈에 띄지도 않는 일을 인내심 강하게 해냄으로써 상대방의 신뢰를 얻을 수 있었던 사람이다. 공작미교섭 때, 조선 측 훈도(동래부의 담당 관리)였던 현덕윤과는 난항을 거듭한 교섭을 통해 서로 마음을 터놓는 사이가 되었다. 현덕윤은 부산의 왜관 근처에 있는 조선 관아의 건물을 개수했을 때, 그곳에 '성신당(誠信堂)'이라고 이름 붙였고 그 마음을 받아들인 호슈는 「성신당기」라는 글을 써서 보냈다.

덧붙여 말하면 성신은 조선 왕조의 대일 외교의 기본 이념으로서 처음부터 중요시되었던 용어〔노부하라 오사무(信原修), 『성신당기를 읽는다(誠信堂記をよむ。)』〕이며, 에도 시대 초기부터 막부 역시 그 용어를 써서 조선통신사를 맞아들였음을 여러 문서에서 볼 수 있다.

제4장

통신사를 맞이하다

오카야마현 세토나이시 우시마도정(岡山縣瀨戸內市牛窓町)의 가라코오도리(唐子踊り), 세토나이시교육위원회 소장. 『마음의 교류 조선통신사(心の交流 朝鮮通信使)』〈교토문화박물관〉에서 전재.

쇼군 계승과 쓰시마에서의 예비교섭

에도 시대 총 12회나 있었던 조선 사절을 맞이하는 준비는 어떻게 진행되었을까? 1607~1624년 사이 회답겸쇄환사(回答兼刷還使)의 시기는 막부에서 행정기구가 아직 충분히 정비되어 있지 않은 시기이기도 했으며, 계통적으로 기록이 남아 있지 않다. 1657년〔메이레키(明暦) 3〕에는 메이레키의 대화재가 일어나 에도성이 타버렸기 때문에 그때까지의 통신사에 관한 기록이 있었다고 하더라도 소실되었다. 그래서 통신사를 맞이하는 빙례 행사의 형식이 안정되는 1719년〔교호(享保) 4〕의 기록을 중심으로 그 경과를 살펴보기로 하겠다.

1716년 5월, 전 쇼군 이에쓰구(家継)의 서거가 쓰시마에 전달되었고 쓰시마번에서는 즉각 부산으로 고부참판사(告訃參判使 : 쇼군 서거를 알리는 사절)를 파견했다. 이어서 같은 해 9월 요시무네(吉宗)가 8대 쇼군을 계승했음을 알리는 고경참판사 또는 대경참판사(大慶參判使 : 쇼군가의 경사를 알리는 사절)가 보내졌다. 조선에서는 쓰시마로 이에쓰구의 서거를 애도하는 조위역관사(弔慰譯官使)를 보냈고, 쓰시마번저에서는 다례(연회)가 열렸다.

이 '역관사'라는 사절은 통상적으로 50~60명 규모의 인원이 배 2척에 나누어 타고 쓰시마에 갔다. 에도 시대를 통해 약 60회의 내항이 있었는데, 쇼군가의 경조사와 쓰시마의 소(宗) 씨에 조의 · 위문을 위해 파견되는 경우가 있는가 하면, 번주가 참근(參勤)을 마치고 에도에서 돌아왔을 때 역시 위문의 목적으로 파견되는 경우가 있었다. 조선으로서도 에도의 최신 정보를 입수해 둘 필요가 있었던 것이다. 그리고 통신사의 도항에 관해 실무교섭을 하기 위해 파견되는 경우가 있었다.

이때에도 조위역관사가 도항해 온 사실은 즉시 쓰시마번의 관리를 통해 에도에 전해졌다. 쓰시마번은 서장을 보내 노중(老中)인 사가미노카미(相模守) 쓰치야 마사나오(土屋政直)에게 통신사에 관해 협의하고 싶다고 제의했다. 다음해 1717년(교호 2) 4월 에도에 도착한 번주 소 요시카타(宗義方)는 쓰치야 마사나오 노중에게 쇼군이 계승했을 때의 「고례(告例) 조선인 내조의 의(儀)」를 진언했다. 6월이 되자 성내의 백서원(白書院)에 노중들이 모여 '해년(亥年, 1719년) 가을 중'에 내빙할 것을 결정하여, 가와치노카미(河內守) 이노우에 마사미네(井上正岑)가 대학두 하야시 노부아쓰(林信篤)와 함께 담당 노중으로 노령인 쓰치야를 대신하여 접대를 명령받았다. 막부의 내각에서는 이어서 대목부(大目付), 감정봉행(勘定奉行), 중목부(中目付), 사사봉행(寺社奉行) 등에게도 각기 담당하도록 명령했다.

에도 막부에서는 외교를 맡은 부서가 설치되어 있지 않았기 때문에 통신사 접대를 위한 임시 체제가 조직되었다. 하경사(賀慶使)·사은사(謝恩使)라고 불린 류큐 사절을 맞이할 때에도 마찬가지였다. 그리고 통신사 파견을 요청하는 수빙참판사(修聘參判使)가 부산에 파견되었다. 에도에서는 통신사를 맞이함에 있어서 격식, 의례의 종류, 연로의 준비, 조선 측에 특별히 요청할 사항 등에 관한 방침이 결정되었다. 이런 결정에 근거하여 쓰시마번에서는 조선에서 건너온 역관과 세부 사항을 분명히 하는 협의를 가졌다. 1719년의 통신사 때, 양자 간에 합의된 항목은 다음과 같았다.

○ 관백(쇼군)의 칭호와 통칭은 서식을 포함해서 대군으로 한다.

○ 예조에서 에도 집정(노중), 경윤(교토소사대), 쓰시마노카미에게 보내는 서계의 경우도 같다.

○ 저군(儲君)에의 예단(선물), 배례(인사)는 중지한다.

○ 통신사의 쇼군 알현은 한 번으로 한다.

○ 경비의 증가·번잡을 피하기 위해 도중 다섯 곳의 연회는 정지한다.

○ 쇼군에게 보내는 선물인 매는 도중에 병사의 위험이 있기 때문에 20연으로 한다.

○ 말은 매와 마찬가지로 먼저 보내고, 매와 함께 전문 마장·응장을 동행하도록 한다.

○ 통신사 일행의 수는 임술년〔1682년·덴와(天和) 2〕과 같이 한다.

○ 의사 · 수행 화가(화원)는 노련하고 현저한 업적이 있는 자로 한다.

○ 마상재는 말을 잘 다루는 숙달자, 활 쏘는 자는 솜씨가 절묘하고 강궁을 다룰 수 있는 자를 동반하여 보여 주도록 한다.

○ 연도 왕복 중에 상관 이상의 식재료는 모두 현물로 지급하고 중관 이하는 요리를 제공하되, 배 안에서는 전부 현물을 제공한다.

○ 상상관(上上官 : 수석통역관)은 일본의 풍속과 언어에 통달한 자로 한다. (이하는 생략)

첫 5개 조항은 1711년의 통신사 때 아라이 하쿠세키(新井白石)가 실행한 것을 전부 중지하고 1682년의 구례로 되돌린 것이지만, 조선 측에서는 이렇다 할 이론을 제기하지 않았다. 조선 역관으로부터 요망된 것은 다음의 네 가지이다.

○ 통신사가 도항하기 전에 쓰시마번은 모든 준비를 해둘 것.

○ 세 사신(정사 · 부사 · 종사관)의 숙사는 청결하게 할 것.

○ 세 사신, 서기 또는 수행원 중에서 문명이 있는 자는 특별히 우대할 것.

○ 세 사신을 접대하는 일본 측 통역관은 조선어에 숙달된 자로 할 것.

위와 같이 세세한 준비가 쌍방 간에 합의된 후, 부산의 동래부에서는 그것을 받아 한성에 있는 예조에 전달했다. 그리고 조선 측에서는 일본으로 가는 일행을 구성하고 물자의 조달을 준비하기 시작했다. 수행원 편성에 관해서는 임명된 세 사신의 의견을 반영했는데, 특히 사신의 신변경호에 임하는 자는 친척 중에서 선발되는 경우가 적지 않았다. 이른바 소동(小童)이다. 일행이 일본에 전달할 많은 선물 · 고려인삼 · 고급 섬유류 등을 조달하는 데에는 시간이 필요했으므로, 부산에서 수십 일을 보낸 뒤 해안가에 있는 영가대에서 해신에게 항로의 무사를 기원하는 제를 지낸 후 쓰시마에서 온 영빙참판사와 함께 일본을 향해 출항했다.

통신사 접대에 대한 막부의 명령

막부는 조선통신사의 왕복 연로의 다이묘들에게 1719년(교호 4) 2월 15일 날짜로 관반(官伴 : 관의 접대 관리)을 임명했다. 쓰시마는 가역(家役)으로서 당연히 통신사의 도착에서 귀국까지, 즉 최초의 상륙에서 귀국 직전까지의 접대 업무를 담당해야 했다. 또한 연로의 각 번에게 통신사의 정확한 인원수, 여정 외 필요한 정보를 미리 알려야만 했다. 그 밖에 제공하는 요리나 선물에 관한 자세한 문의에도 응하지 않으면 안 되었다. 막부가 접대역을 임명한 것은 이키(壱岐)에서 시작하여 후쿠오카〔福岡 : 지쿠젠(筑前)〕, 아카마가세키〔赤間関 : 시모노세키(下関) · 나가토(長門)〕, 가미노세키〔上関 : 스오(周防) · 이와쿠니(岩国)〕, 도모노우라〔鞆浦 : 아키(安芸)], 우시마도〔牛窓 : 비젠(備前)], 효고〔兵庫 : 셋쓰(摂津) · 아마가사키(尼崎)]의 각 번으로 이 번들의 대부분은 도자마다이묘(外様大名)[49] 등으로 봉록이 많은 큰 번이다. 그 밖에 오사카 · 교토에서는 기내(畿內) · 근국(近國)의 다이묘가 담당하고 그후는 도카이도(東海道) 연안의 각 번이 담당했다.

22일에는 에도에서의 접대역으로는 스루가노카미(駿河守) 마키노 다다토키(牧野忠辰), 내선정(內膳正) 나카가와 히사타다(中川久忠)가 임명되었다. 표고(表高)[50] 10만 석 이상의 다이묘는 지분치소(自分馳走)라고 하는데, 접대에 드는 비용은 전부 그 번에서 부담해야 했다. 10만 석 이하인 경우 또는 막부 직할지의 경우에는 고기치소(公儀馳走)라고 하고, 담당 다이묘는 고치소진(御馳走人)이라고 불렀다. 그리고 비용은 영접 행사 종료 후 결정되는 국역은(國役銀), 즉 일제히 부가되는 임시세로 충당했다. 이러한 국역은 연도에 있는 15개국에 나누어 부담했다. 접대라고 해도 숙

---

49. 도자마라는 명칭은 가마쿠라 시대 이후 무사들 사이에서 쓰였으며, 세키가하라전투 이후 새로 도쿠가와 씨에 귀속된 다이묘를 가리킨다. 그들은 세키가하라전투 당시 동맹자 · 중립자 및 적, 즉 도쿠가와 씨와 동격이었던 다이묘들이었다. 그 때문에 그들에 대한 통제는 극히 엄했고, 잘 조직된 스파이망이 그들을 감시하고 있었다. 게다가 그들에게 적자가 없을 경우 무허가 건축, 교폭(驕暴), 내정문란 등의 이유로 영지를 몰수당했다. 102만 석의 마에다(前田) 씨, 72만 석의 시마즈(島津) 씨, 62만 석의 다테(伊達) 씨가 유명했다. — 옮긴이 주

50. 오모테다카라고 하며, 에도 시대에 다이묘들이 쇼군에 의해서 허용된 액면상의 고쿠다카(石高)로 토지의 생산성을 석(石)으로 나타냈다. — 옮긴이 주

박이나 낮 휴식 때의 접대만이 아니라 전에 묵었던 곳과 다음에 묵을 곳 사이의 배나 인마(人馬)의 송영, 막부에 대한 상세한 보고 임무도 포함되어 있었다.

가장 신경을 많이 쓰는 부분은 통신사 일행이 언제 번의 경계에 도착할 것인가 하는 점이었다. 근대적인 정보 전달 기구가 전혀 없었던 상태에서는 봉화나 빠른 배, 파발꾼 등에 의지하는 수밖에 없었다. 특히 일행과 항상 동행하는 쓰시마번과는 정확하고 신속한 정보 교환이 필요했다. 그것을 원활하게 진행하기 위해 통신사 내빙과 관반의 임명이 결정됨과 동시에 쓰시마번의 에도 번저나 쓰시마 본도에 선물을 보내거나 관리를 파견해서 인맥을 만들어 두어야만 했다.

세토나이(瀬戸内)의 항구가 숙박지로서 지정된 경우에는 선박의 확보가 가장 큰 일이었다. 본 번에서 출장 온 관리가 승선하는 선단, 통신사보다 앞서 오는 막부 진상용 말과 매의 수송에 관련된 배 그리고 각 번에서는 통신사의 입항을 앞바다까지 마중하는 번의 관리가 탈 배를 비롯해 수로안내선, 비각선, 조선 등 1백수십 척이 필요해졌다. 5월이 되면 두 번에 걸쳐 육상 연로의 기내 각국, 하리마(播磨)・단바(丹波)에서 오미(近江)의 동쪽, 무사시(武蔵)까지 각국에 영토가 있는 다이묘는 야마시로(山城)의 요도(淀)로부터 에도까지의 왕복에 필요한 사람과 말을 제공할 것을 막부로부터 명령받았다.

안치마의 조달

이 외에 주목할 것으로, 10만 석 이상의 다이묘에게 안치마(鞍置馬)[51]를 조달하라는 명령이 내려졌다는 사실이다. 이 말의 수는 1711년〔쇼토쿠(正德) 원년〕의 경우 320필이 되어, 류큐 사절의 접대를 담당한 사쓰마(薩摩)의 시마즈(島津) 씨나 이번의 다른 4개국과 함께 향응을 명령받은 오와리(尾張)의 도쿠가와 씨를 제외하고, 서쪽은 히고(肥後)의 호소카와(細川) 씨, 북쪽은 동북 지방의 사타케(佐竹) 씨 · 난부(南部) 씨 · 다테(伊達) 씨에게도 부과되었다.

이런 안치마에는 말 한 필당 족경(足輕) 1명, 답롱지(沓籠持) 1명, 장병산지(長柄傘持) 1명, 마합우지(馬合羽持) 1명, 합구롱지(合羽籠持) 1명, 제등지(提燈持) 1명, 구부(口付) 2명 등 총 8명이 필요하므로 대번이라 해도 기나긴 여정이라 그 인원을 확보하는 일은 적잖은 부담이었다. 이러한 안치마의 차출은 연도와 관계없는 다이묘들에게도 의무가 되었다. 평시에 있어서 일종의 '군역'이라는 의미가 있었을 것으로 보인다. 이러한 군역은 이미 평화가 도래해 있던 1649년의 「어군역인수할(御軍役人數割)」에도 상세히 규정되어 있고 쇼군과 다이묘의 관계를 규정하는 소령(所領)을 보장하는 대신 군역 의무로서 전국의 다이묘에게 발동되었다고 보아도 좋을 것이다.

51. 구라오키우마라고 하며, 등에 안장을 얹은 말을 가리킨다. — 옮긴이 주

이렇게 해서 조달된 인마의 수는 1711년 통신사의 경우, 다음과 같이 엄청난 수에 달했다.

참향(參向 : 에도로 가는 길) 처음부터 끝까지 수행하는 하인 310명, 중간에 수행하는 하인 1만 661명, 말 9,745필

하향(下向 : 에도에서 돌아오는 길) 처음부터 끝까지 수행하는 하인 310명, 중간에 수행하는 하인 1만 2,707명, 말 8,161필

—『통항일람(通航一覽)』 권51 조선국부(朝鮮國部) 27

이런 안치마는 통신사 일행 중에 상상관이나 상관 · 중관 또는 수행 쓰시마번의 고위 관리 등이 사용하는 것이다. 정사 · 부사 · 종사관이나 쓰시마 번주, 쓰시마로부터 에도를 왕복하며 통신사 일행의 대화 상대가 된 장로(長老)라고 불린 이테이안(以酊庵)의 윤번승(輪番僧) 등은 가마 등 탈것을 사용했다. 그 모습은 많은 통신사 일행의 행렬도에 보이는 그대로이다.

통신사 일행이 숙박하는 경우는 숙관을 준비해야 했다. 오사카 동쪽의 육로에서는 각 마을에 있는 큰 절이 정사 · 부사 · 종사관 · 상상관 · 상관 등에게 제공되었다. 그 외에 중관 · 하관은 그 근처의 절이나 민가를 빌려서 사용했다. 쓰시마 번사의 경우에도 마찬가지였다. 해로의 항구에서는 가까운 곳에 자야(茶屋 : 객관)라고 불리는 임시 시설이 지어졌다. 그러나 이 시설은 다음 통신사가 언제 올지 모르기 때문에 그때마다 건설되어 사용이

끝나면 철거되었다. 이것은 재료를 재사용하여 조립이 가능한 일본식 목조 건축이 아니고서는 불가능한 것이다.

세토내해(瀨戶內海)의 아카마가세키, 도모노우라, 우시마도 등의 경우에는 사원이 주요한 숙박지가 되어 민가의 숙박과 함께 이용되었다. 육로에서 적당한 절과 신사가 없는 경우, 자야가 지어져 제공되는 곳도 있었다. 또한 숙박지 · 휴게지가 번의 번화한 곳이 아닌 경우에는 막부 직할 영지까지 번에서 출장 나온 관리, 막부의 하급 관리인 요리하는 사람의 숙박과 휴식을 위한 시설을 준비해야 했다. 따라서 통신사 일행의 사람 수만큼의 접대에 그치는 것이 아니라 엄청난 인원의 접대와 시설도 제공해야 했다.

지분치소다이묘 — 후쿠오카번 아이노지마의 경우

왕복의 연도 및 45개소의 접대 장소 중, 지리상 특별한 장소에 있던 것이 지쿠젠 아이노시마〔筑前藍島 : 현재의 후쿠오카현 신쿠정 아이노시마(福岡縣新宮町相島)〕이다. 규슈 본토에서 약 7.3킬로미터 떨어진 현해탄에 떠 있는 작은 섬이다. 아이노시마는 말할 것도 없이 구로다(黑田) 씨의 영지이자 후쿠오카번의 관할이지만, 어떤 이유에서인지 에도 시대가 되자 그때까지 하카타항(博多港)에 들렀던 조선에서 오는 배는 첫 번째 통신사행 때부터 이 섬을 숙관으로 삼았다. 둘레가 6킬로미터 남짓한 작은 섬으로,

섬의 주민이라고 해야 수백 명이었다. 여기에 500명 가까운 조선 통신사 일행과 접대를 위한 후쿠오카 번사 수백 명 그리고 필요한 물건들을 운반하는 배들이 모여 들었으니 당시의 혼잡한 모습이 상상될 정도이다. 그리고 매번 새롭게 지어지던 자야가 일행에게 제공되고 조수와 바람을 기다려 출항하지만, 문제는 기후 · 자연에 달려 있어 예정이 수시로 바뀌었다. 이 숙관은 최근 그 고장의 신쿠정교육위원회에 의해 발굴 · 조사되어 접대 · 교류의 귀중한 유품이 출토되고 있는데, 여기에서 주목하고자 하는 점은 통신사를 대접했던 식자재와 그릇이 물건에 따라서는 먼 지역에서 주문해 온 것들이 있다는 사실이다.

1682년(덴와 2)의 「후쿠오카번 조선통신사기록(福岡藩朝鮮通信使記錄)」에 따르면, 이때의 통신사는 갈 때 1박, 돌아올 때 2박의 순조로운 일정이었는데 번 이외의 곳에서 온 조달품으로 다음과 같은 것들을 기록하고 있다. 먼저 교토에서 조달해 온 것은 금박 1만 장, 자복사(紫袱紗) 50장, 덴모쿠 큰 접시(天目大皿) 16장, 최고급 차와 대추 등이다. 오사카로부터는 구리 냄비, 연초분(煙草盆), 담뱃대 260자루, 잎담배, 술병, 각종 젓가락, 조개 주걱, 구리 목욕 가마, 은박 1만 장, 가다랑어포, 수구지(守口漬) 50통, 밀랍초 2천 300정, 부젓가락 50개, 묵은 술과 햅쌀로 빚은 술, 종려로 만든 빗자루 등 다양한 생활 용구가 조달되었다.

그리고 나가사키로부터는 집돼지 10마리, 얼음설탕 50근, 당지(唐紙) 100장, 각종 접시와 다완 그리고 상어 토막 등이 조달되었다. 이것들은 각 번저를 통해 어용상인에게 조달시킨 것일 것이다. 모두 이 시대 일본 각지의 특산품이었다는 사실도 짐작할 수 있다. 그 외에도 아키의 가마가리(蒲刈)에는 배에 타는 사공의 낚시밥까지 가져오게 하고 살아 있는 도미 600마리를 요구하여 활어조가 있는 배에 싣고 왔다. 가까운 고쿠라번(小倉藩)의 오시마(大島)에는 새우 등을 주문했다.

『신쿠정사(新宮町史)』에 의하면 이때 소요된 비용은 구리 284관 746돈 2분으로, 현대의 시가로 치면 4억 6,594만 엔이나 된다. 1719년 통신사 제술관이었던 신유한은, "이것이 모두 민간으로부터 거두어들인 것이 아니라 번에서 지급한 것이었다. 경비가 막대한 금액인 만큼 국력의 풍요함을 알 수 있다"〔『해유록(海遊錄)』, 강제언 역〕라며 놀라고 있다.

여기에서는 1764년〔호레키(宝曆) 14 · 메이와(明和) 원년〕의 일이지만, 통신사의 편의를 위해 숙관에 시계를 두거나 또는 시종(時鐘)을 준비했다〔『호레키 13 계미년조선인래빙기(宝曆十三癸未年朝鮮人來聘記)』〕. 그리고 후쿠오카번은 쓰시마번이나 쓰시마번의 번사를 위해 하카타 상인의 섬 출입을 허락하여 일용품의 거래를 인정했다.

상하가 전력을 다한 준비 — 조슈번 상관의 경우

에도 시대 나가토 · 스오의 다이묘였던 모리(毛利) 씨는 아카마가세키의 동쪽 가미노세키에서 통신사를 맞이했다. 가미노세키에서는 모리 씨로부터 스오국 내의 3만 석을 지급받은 깃카와(吉川) 씨가 접대를 담당했다. 깃카와 씨는 중세로부터의 명문이었지만, 에도 시대에는 모리 씨의 가로(家老)에 만족하고 있었다. 그러나 조선통신사에 관해서는 에도 초기에 모리 데루모토(毛利輝元)가 깃카와 히로이에(吉川広家)에게 가미노세키에서의 일을 위임함으로써 그후부터 가미노세키를 담당하게 되었다고 한다.

1711년(쇼토쿠 원년) 9월 2일, 통신사는 가미노세키에 도착했다. 4일 후인 6일에는 다음 숙박지인 아키의 가마가리로 향할 것이므로 3박 4일의 체류였다. 그러나 이때는 아라이 하쿠세키의 빙례의 개혁으로 연도의 향연은 아카마가세키(귀로는 우시마도)·오사카·교토·나고야·슨푸(駿府)의 다섯 곳에 제한되었고, 다른 곳에서는 식자재·조미료·술·건어물·과자 및 연료를 건네주고 스스로 조리해서 마련하는 방식이 채택되었다. 따라서 번에서는 향연에 비하면 현장에서의 조리 준비나 맛보기, 뒷정리 등의 일은 상당히 경감되었을 것이다. 하지만 빈객의 접대라는 사실에는 변함이 없어서 온힘을 다해 준비에 임했다. 이하는 이와쿠니번(岩国藩)의 『정덕도조선신사내빙기(正德度朝鮮信使來聘記)』〔이와쿠니초코칸(岩国徵古館) 소장〕에서 알 수 있는 가미노세키에서의 접대 준비이다.

가미노세키는 앞에서 본 것과 같이 모리가의 하기모토번(萩本

藩) 책임하에 이와쿠니의 깃카와가에서 가로 격인 자가 총지휘를 명령받아 가미노세키로 왔다. 이때의 담당자는 가가와(香川)의 도네리 가게아키(舎人景明)였고, 본번으로부터는 모리 나리히사(毛利就久)가 파견되어 왔다. 그리고 이와쿠니번의 6대 당주 깃카와 쓰네나가(吉川経永)의 수역(守役) 우쓰노미야 도자에몬(宇都宮藤左衛門)도 큰 직책을 맡고 있었다. 통신사가 가미노세키에 왕복길 모두 상륙하고 하사를 포함한 준비에 대한 중요한 사항이 담긴 요강이 막부로부터 도착한 것은 같은 해 4월에서 5월 중순의 일로, 이와쿠니로부터 이미 번의 고위 관리가 가마노세키에 도착해서 자야의 공사를 비롯한 준비가 시작되었다. 7월 4일은 쓰시마번의 관리가 사전조사를 위해 도착하여 가까운 아카마가세키, 히로시마번(広島藩)이나 히로시마번 관할의 가마가리의 다이칸(代官) 등과 연락을 취하고 선물을 교환하느라 분주했다. 신축한 자야가 완성된 것은 8월 1일, 다른 곳과 다르게 가미노세키만은 보기 드문 2층 건물이었다. 그리고 그전에 임시로 지어진 번소(藩所)는 이번에 완전히 건축되어 접대 관리가 근무하게 되었다. 접대 관리들이 세 사신에게 제공한 유용한 물건은 다음과 같다.

> 삼사(三使) 한 사람의 1일 분으로 백미 4되, 술 2되, 된장 1되 5홉, 간장 6홉, 식초 6홉, 소금 5홉, 참기름 5홉

신분에 따라 양이 줄지만, 많은 중관 · 하관에게도 상급자와 같

은 식재료가 제공되었다. 또 각각 차, 담배, 밀랍초도 제공되었다. 직접 조달하기 위한 도구도 불편이 없도록 빌려 줄 수 있는 준비가 갖추어졌고, 바다의 일기가 순조롭지 않은 경우에는 전원이 상륙할 수도 있으므로 자야는 그때를 대비해 만반의 준비를 갖추라는 지시가 내려졌다. 그 지방의 조닌(町人)에게도 만사 예의에 어긋남 없이 맞이할 수 있도록 하라는 지시가 있었고, 통신사의 무사통과를 기원하는 뜻으로 가마도하치만구(竈八幡宮)에 신악(神樂)[52]을 봉납했다.

8월 16일에는 응선(鷹船), 마선(馬船)이 도착했다. 종소리로 도착을 알리고 하기번 번주나 가가와의 관리들은 조선인에게 술, 금화, 소면 등의 선물을 건넸다. 다음날 배가 출발할 때에는 등롱을 밝혀 번의 관리가 가마가리까지 환송했다. 9월 2일 오전 여덟 시, 미타지리〔三田尻 : 현재 야마구치현 호후시(山口縣防府市)〕에서 출발을 알리는 봉화가 올라가고, 밤 12시 30분경 세 사신이 탄 배와 짐 실은 배, 쓰시마 번주 소 씨의 배가 입항했다. 그렇지만 때마침 썰물이라 조선의 큰 배는 부두에 대지 못하여 관리들이 바다로 들어가 예항했다. 가가와의 관리는 예복을 입고 자야 앞에 마중 나왔다. 수행원인 쓰시마의 이테이안 장로는 아미다지(阿彌陀寺)에서 숙박했고, 소 쓰시마노카미는 배에서 숙박했다. 각자 선물을 바치고 세 사신 이하에게 안주, 꼬치, 해삼, 이와쿠니 술

52. 신을 맞이하기 위해 연주하는 음악과 춤. — 옮긴이 주

의 목록이 건네졌다. 다음날부터 바람과 파도가 거세져 출항하는 것은 위험했기 때문에 시간을 보내기 위해 바둑판이 요청되어 급하게 마을에서 찾아 조달하는 일도 있었다. 그동안 가가와 관리와 모리 나리히사는 자야에 줄곧 머물렀다.

6일이 되어 겨우 출항하자, 가가와 관리는 마을 경계의 센바고쿠(千把獄) 부근의 해상까지 배웅했다. 8일이 되어서 조선 배의 가마가리 도착을 알리는 통고가 있었고, 같은 날 가가와 관리는 이와쿠니로, 모리 나리히사는 하기를 향해 가미노세키를 출발함으로써 가미노세키에서의 영빙 행사는 모두 끝났다.

다음은 귀로이다. 세 사신 가운데 오사카에서 병에 걸린 사람이 있어 출발이 크게 늦어진 데다 풍향의 영향이 있어서 일행의 선단은 귀로를 서둘렀다. 하지만 만반의 준비를 해야 하므로 갈 때와 마찬가지로 이와쿠니의 가가와 관리의 지휘 아래, 일행이 상륙할 수도 있다는 것을 전제로 추진되었다. 같은 해인 1711년 12월 26일 조선의 화물선 3척은 가미노세키를 통과하려고 했으나, 배의 식수가 고갈되었기 때문에 수선(水船)을 내어서 보급했다. 다음해 정월 4일 조선 배는 동쪽의 가무로(家室)에서 임시로 머무는 대신 가미노세키는 그냥 통과한다는 일정이 확정되었다. 정오 무렵 가미노세키에 도착하여 봉화를 올리며 어수선한 가운데 조선의 사신은 관리로부터 선물을 받고 인사를 나눈 후 오후 두시 출항했다.

하기번의 『정덕도 · 조선통신사내빙 · 귀범(正德度 · 朝鮮通信

使來聘・歸帆)』에 따르면, 이때 송영에 사용된 배는 대소 전부 합해 655척, 동원된 관리나 조닌은 알려진 것만으로 4,576명이었다고 한다. 이름도 모르는 사람, 특히 항구의 뱃사람들이나 조닌 등을 합치면 그 수는 훨씬 많았을 것이다. 거기에는 가미노세키뿐만 아니라 근처 포구의 도움이 없었다면 대응하지 못했을 것이 틀림없다. 그 결과, 번이나 농어민의 경제적・인적 부담이 매우 컸을 것임을 상상할 수 있다.

바다와 육지에서의 접대 — 아카시번의 경우

하리마국 동부에 위치한 아카시(明石)는 히메지성(姬路城)에 가까우며, 아와지시마(淡路島)와 마주보고 좁은 아카시해협에 위치한 전략상의 요지였다. 또 에도 시대 초기 오가사와라(小笠原), 도다마쓰다이라(戶田松平), 오쿠보(大久保), 후지이마쓰다이라(藤井松平), 혼다(本多) 등의 후다이다이묘(譜代大名)의 영지였다. 그러나 어느 쪽도 오래가지 못하여 1682년(덴와 2) 에치젠국 오노번(越前國大野藩)에서 마쓰다이라 나오아키라(松平直明)가 이봉되어 겨우 안정된 통치가 시작되었다. 공식적인 녹봉은 6만 석이었지만, 후에는 10만 석의 격을 칭했다.

6만 석이면 조선통신사 접대는 쇼군으로부터 지원을 받았지만, 이곳은 조수간만에 의해 배의 운항에 큰 영향이 있는 아카시우라(明石浦)를 조선통신사의 선단이 항해하는 것을 도와야 하는 다른 번에 없는 역할을 수행하는 임무가 주어졌다. 1711년 이전의 일은 기록이 없어서 알 수 없지만, 1719년에 대해서는 마쓰다이라가에 소장되어 있는 『조선신사접반명석번기록(朝鮮信使接伴明石藩記錄)』이 현존하고 있어 이에 의해 당시의 상황이 밝혀졌다. 아카시번이 막부로부터 '조선인명석표통선지어용(朝鮮人明石表通船之御用)'을 지시받은 것은 1719년 3월 15일이다. 그리고 쓰시마번, 전 숙박지인 무로쓰(室津)의 담당 관리, 다음 숙박지인 효고의 담당 관리, 오사카, 에도 번저, 막부와의 꼼꼼하고 상세한 교섭이 매일같이 반복되었다. 다음에서 사료로써 그 경과를 살펴보도록 하자.

여기에서도 통신사에 앞서 마선(馬船)과 응선(鷹船)의 수송이 있었다. 또 그보다 앞서 하토사키(波門崎) 번소의 수리, 수로 준설, 봉화 신호의 준비 체제, 세 사신에게 건넬 물품과 수량의 확정, 말 · 매의 사료 준비가 필요한지의 문의 등의 임무가 주어졌다. 말의 사료는 콩 · 밀 · 콩잎 · 칡잎 · 원추리를 준비하고, 매의 사료는 참새 · 비둘기를 준비해서 제공하도록 했다. 당일은 번소 관리를 중심으로 다수의 인양선을 내어 마선, 응선을 서쪽에서 동쪽으로 안전하게 보냈다.

다음 문제는 만약 날씨가 나빠 통신사의 배가 해역을 통과하지 못하고 상륙할 경우에 대한 준비이다. 이에 관해서는 인근 16개 마을에 명령해 묵을 집을 46채, 다다미 903첩, 마찬가지로 가구 1,000명 분, 사방등 60개, 등롱 170개, 연초분 120조, 가마 13대, 요리사 29명을 준비시켰다. 더불어 마을에도 가구, 침구, 모기장, 요리사, 가롱 등을 준비하도록 했다. 또한 조달에 관해서는 "마을에서 배달해야 한다"라면서 "쌀 · 소금 · 된장 · 안주 · 등푸른 생선 등은 간조쇼(勘定所)에서 돈을 치러야 하며, 장작은 마을에서 준비하도록 한다"라고 명령했다. 이 일 역시 에도에 보고하고 아울러 조선의 국기일, 세 사신의 제삿날 등도 물어 모든 접대에 허술함 없이 준비를 갖추었다.

다행히 아카시우라를 지나는 날에는 날씨와 조수가 좋았다. 9월 3일 오전 열한시경, 조선통신사와 안내하는 대선단이 아카시 해협을 무사히 통과했다. 약 30분 전에는 선단 통과의 봉화가 서쪽에서 차례로 올라가고 이윽고 선단이 해협에 모습을 드러냈다. 거기에서 사전에 문의해 둔 것과 같이 세 사신과 소 쓰시마노카미의 배임을 확인했고, 그것을 다음 기항지인 효고에 빠른 배로 알렸다. 낮이 지나 세 사신은 아카시항에 배를 대었다. 선봉행(船奉行)이 하선했으므로 번에서 온 관리는 방파제 앞으로 나아가 이야기를 나누고 인도를 끝냈다. 이때 세 사신에게는 "도미 절임 3통, 과자 1상자, 전복, 술 2상자"를 상상관, 상관 이하에게 알맞게 각각 선물했다. 이윽고 선단은 출항해 효고로 향했는데, 그때의 모습을 제술관 신유한은 『해유록』(강재언 역)에서 다음과 같이 묘사하고 있다.

또 아카시성을 지나자, 솔밭이 북쪽 언덕에 길게 이어지고 문루와 마을이 아름답게 비쳐 영롱하게 빛나는 모습은 흡사 한 폭의 아름다운 그림 같다. 이 역시 하리마에 속해 다이칸 마쓰다이라 나오쓰네가 다스린다고 한다. 나오쓰네는 장식한 배를 보내 보호하며 따르고 술과 생선을 보내왔다.

다시 아카시번의 기록으로 돌아가면, 이날 번의 관리는 당일에 근무일이 아닌 사람도 합의하여 반은 출근하여 임시 번소의 동쪽에 나열하고, 나머지 반은 화재 방지를 위해 자택에서 대기하도록 했다. 아카시해협에서는 조수가 번갈아서 드나들었다. 아주 짧은 시간이지만 조수가 멈추는 때가 있다. 아카시번은 그러한 미묘한 조수의 흐름을 숙지한 다음 선단의 항해를 안내하는 역할을 담당하고 있었다.

귀로 또한 같은 준비와 마중의 체제가 조직되어 있었을 것이다. 다음의 1748년〔엔쿄(延京) 5 · 간엔(寬延) 원년〕에도 왕복하는 과정에 거의 동일한 마중이 있었지만, 이 시기에 인양선으로 이용된 소형 선박은 더욱 많고 동원된 뱃사공은 합계 1,024명, 배는 323척으로 기록되어 있다. 이 같은 어촌 주민의 동원에는 막부도 신경을 쓴 모양으로, 1711년(쇼토쿠 원년)의 경우 담당인 오스미노카미(大隅守) 오쿠보 다다카(大久保忠香)가 다음과 같은 방문을 조선인이 도항하는 바다 마을 곳곳에 보냈는데, 이 같은 방문은 이전부터 있었다는 주장이 있다.

정(定)

○ 막부의 어선은 모든 회선이 난풍을 만났을 때에는 말할 필요가 없이 구조선을 내어 배가 부서지지 않도록 성심을 기울일 것.

○ 배가 파손되었을 때, 그곳에서 가까운 바다 마을의 자가 정성을 다해 화물·선구 등을 수습할 것.

○ 앞바다에서 화물이 바다에 침몰할 때에는 배를 댄 항구의 다이칸(代官)·데다이(手代)[53]·조야(庄屋)[54]를 만나 탐색하고 배에 남은 짐이나 선구 등을 기록한 증거문을 낼 것.

부(附)

선두와 포구의 사람이 모의하여 짐을 훔치고 그것을 취하거나 가로챘다는 거짓말에 관해서는 후일 (죄를) 물을 것이지만, 선두는 물론 모의한 무리에 이르기까지 그 죄를 무겁게 할 것.

(이하 생략)

쇼토쿠 원년 5월 일 봉행(奉行)

먼 곳에서의 접대

아카시번이 아카시항에서 해상 호위를 담당하는 것은 당연한

53. 에도 시대 중기 이후 다이칸 밑에서 농정을 담당하던 하급 지방관리. — 옮긴이 주
54. 에도 시대 촌락의 장. 연공납입을 책임지고 촌의 자치 일반을 담당했다. — 옮긴이 주

일이었지만, 번의 땅이 아닌 멀리 떨어진 곳에서도 접대하도록 지시받는 경우가 있었다.

1711년(쇼토쿠 원년), 번주 마쓰다이라 나오쓰네는 참근교대를 위해 에도로 향하던 중 접대를 위해 사가미국 오이소(大磯)를 왕복하라는 명령이 담긴 노중봉서(老中奉書)를 받았다. 그것에 따르면 4월 참근교대 후 현지에 갈 것, 이때는 왕복 모두 하행이므로 그 취지를 가지고 임할 것을 지시받았다. 덧붙여서 오이소는 막부의 대관령(代官領)이므로 이제껏 어딘가의 번이 접대를 담당해야 했다. 통신사가 남긴 몇몇 사행록에 따르면 1607년〔게이초(慶長) 12〕의 첫 번째 접대관은 사가미대관이었고, 그후에도 쓰보이지에몬(坪井次衛門)·나카가와 나이센조(中川內膳正)·아라이모(荒井某)·구로다모(黑田某) 그리고 1682년(덴와 2)은 스오노카미(周防守) 마쓰다이라 야스히로(松平康官)였다. 처음에는 다이칸(代官)의 이름이 나오나, 마침내 다이묘로 보이는 수령명(受領名)[55]이 등장하므로 1682년 이후에는 어딘가의 번의 접대로 변경된 것으로 보인다.

오이소는 도카이도(東海道)의 역참이다. 니노미야쇼(二之宮庄)[56]

---

55. 본래는 전임자로부터 인계를 받아 사무를 본다는 뜻. 헤이안 중기 이후 실제로 부임지에 부임하고 정무를 맡은 구니시(國司) 최상석의 사람으로, 통례는 가미(守)·곤노카미(權守) 또는 스케(介)라고도 한다. 중세부터 수령도 자신의 권위 부여를 위해서 실제로 부임하지도 않은 나라의 수령명을 칭하는 것이 상례였다. — 옮긴이 주
56. 전국에서 가장 신격이 높은 이치노미야(一之宮) 다음의 유력한 신사에 속

에 속하고, 대대로 에가와타로자에몬(江川太郎左衛門)의 지배지였다. 쭉 뻗은 길에 본채 3채, 큰 여관 4채, 중간 여관 12채, 작은 여관 69채가 늘어서 있었지만, 통신사 세 사신에게는 아카시 번주가 항상 묵는 숙소였던 고지마 사이사부로(小島才三郎)의 본채를 제공하고, 번주 마쓰다이라 나오쓰네는 앞의 본채에 숙박했다. 통례로 번주는 통신사의 여관에는 가지 않는 법이었으나, 이 경우에는 오이소까지 마중 나갔다. 단지 통신사에게 직접 인사하지 않고 가신이 마을을 벗어난 곳까지 통신사를 마중 나가고 또 배웅했다. 이것은 전에 머물렀던 후쿠오카번이나 조슈번(長州藩), 이와쿠니번 모두 마찬가지였다.

날짜에 따라 다음에서 그 경위를 더듬어 보자.

쇼토쿠 원년(1711년) 9월 24일 매 23마리가 무사히 도쓰카(戸塚) 숙소에 도착하다.

숙소는 12곳인데, 1곳에 2채였다. 마중 나온 관리는 평복의 마방을 착용.

9월 25일에 말 2필과 곡승마 3필이 중관 1명, 하관 1명, 통사 1명과 같이 왔다.

그 가운데 멀미를 한 1명은 오다와라(小田原)에서 큰 가마를 이용했다.

해 있는 장원. — 옮긴이 주

10월 11일 조선인의 헌상물(쇼군가에의 선물)이 도착. 화물 창고에 넣어 두다.

그 수는 궤 62짝 짐을 매다는 장대 4개(귀로에는 조선으로 보내는 선물이 더해진다).

번의 관리 배치에 있어 오이소의 번소나 숙관은 당일 이른 아침부터 출근하고, 서쪽의 오다와라 방면에는 바뉴가와(馬入川)의 후나반쇼(船番所)에 연락관을 배치하여 통신사의 도착을 차례차례 오이소 여관에 알리도록 했다. 이러한 영접을 맡은 관리는 이름이 파악되고 있는 이만 해도 무려 270명에 달했다.

10월 16일 비가 내리는 오전 열시경

국서를 실은 가마가 먼저 도착하여 숙관 입구에서 받아 봉안소에 둔다. 동시에 깃발과 무구(武具)는 현관 좌우에 나란히 놓는다. 문 안팎에서 주악을 울린다.

세 사신의 가마가 연이어 도착한다. 문 밖에서는 철포를 쏜다. 그 밖의 사람들은 제각기 숙관에 들어간다. 세 사신에게 과자와 안주를 만들어 내놓다.

요리는 준비 방법을 터득하여 게교쇼(下行所 : 사신의 식자재 등을 준비하는 건물)에서 날라 온다. 세 사신의 주방에서 만들어 낸다. 식사 시중은 세 사신이 데려온 소동이 한다.

세 사신의 마루에 국화꽃을 꽂아 두었더니 정사와 종사관이 그것을 갖고 싶어하기에 꽃꽂이를 한 대바구니를 건네주었다.

오후 한시 무렵 국서를 선두로 출발해서 도쓰카로 향한다.

이때에는 아카시항에서 배를 송영하게 지시받았다. 귀로에 본래는 정사선에 실어야 하는 짐을 화물선 제14척과 제15척에 나누어 싣고 효고에서 바꿔 실을 작정이었는데, 풍향 때문에 정사선은 효고에 계류하지 않고 그대로 서쪽으로 항해했다. 화물선이 아카시항에 기항했지만, 앞으로의 날씨가 심상치 않아 짐은 육지로 올리고 다음 기항지인 무로쓰에 보냈다. 그러나 무로쓰에서 세 사신의 배가 먼저 출항해 버려 결국 아카시번은 히젠의 우시마도까지 육지로 수송하는 책임을 져야 했다.

통신사가 마지막으로 에도성에서 빙례를 행한 1764년(호레키 14 · 메이와 원년)보다 2년 전 2월 아카시번은 막부로부터 히고의 도모노우라에서 접대하라는 명령을 받았다. 모든 일을 1748년(엔쿄 5 · 간엔 원년)의 격식과 동일하게 실행하는 것으로 준비를 시작하여 번에 있는 1748년 오이소에서의 접대 기록이나 장부를 꺼내 조사했다. 그리고 1719년 도모노우라에서 접대역을 지낸 아베 이세노카미(阿部伊勢守)에게서 접대 기록이 왔다. 현재도 전국의 접대 다이묘의 번 여기저기에 통신사에 관한 자세한 기록이 남아 있어 접대의 실상을 알 수 있는 귀중한 사료가 되고 있다. 그 기록들은 이와 같이 다음번 또는 그 다음번의 접대를 원활하게 진행하기 위한 비망록으로 필요했기 때문에 소중하게 보존되었던 것이다. 1764년 윤 4월이 되어 막부에서는 히고 도모노우라에서의 접대는 없다고 통고했다. 그런데 이즈국 미시마(伊豆国三島)에서의 접대를 새롭게 명령받아 이번에는 지난번 미시마에서 접대를 담당했던 가토 데와노카미(加藤出羽守)에게 황급하게 1748년의 접대 장부를 빌려 달라고 요청했다. 하지만 이미 분실되었다는 답이 돌아왔다. 아카시번의 곤혹스러워하는 모습이 눈에 보이는 것 같다. 그런데도 여기저기에 손을 써서 간신히 미시마에서 접대를 해냈다. 이처럼 고생한 다이묘가 있었던 것이다.

가와고자부네(川御座船)와 하천 준설

조선통신사가 부산에서 타고 온 조선의 배는 먼 바다를 항해하는 배로 건조되었기 때문에 크고 흘수가 깊었다. 크기는 가장 큰 정사선의 경우, 일본 측이 확인한 바로는 미터법으로 환산하면 길이 약 40미터, 폭 6.4미터, 깊이 2.3미터로 당시로서는 거대한 배였다. 다른 5척의 배는 이것보다 조금 작았지만, 큰 차이는 없었다. 이 선단은 오사카의 하구까지는 도달할 수 있으나, 그 뒤에는 흘수가 얕은 배로 갈아타야 했다. 그 장소는 현재의 오사카시 니시구 가와구치(大坂市西區川口) 부근으로 추정된다. 여기에는 지쿠린지(竹林寺)라는 사찰이 있는데, 그 뒤뜰에는 김한중(金漢重)의 묘가 현존하고 있다. 1764년(호레키 14) 이곳에서 병으로 객사한 소동의 무덤으로 위패가 안치되어 있다. 지금도 이 절에서는 김한중 외에 이곳에서 죽은 조선통신사의 수행원 한 명을 위해 공양하고 있다.

한편 이 가와구치에서 상륙 지점인 나니와바시(難波橋)까지는 도사보리가와(土佐堀川)를 거슬러 올라가야 했다. 이를 위한 배를 '가와고자부네'라고 부르는데, 막부의 배나 다이묘가 참근교대 시 이용하는 배를 제공했다.

그 배의 흘수는 조선 배의 약 3분의 1이었다. 선단은 국서와 제술관이 타는 배, 세 사신이 각각 타는 배, 상상관 · 상관 등이 나누어 타는 배 몇 척 그리고 쓰시마의 이테이안 장로가 타는 배 등으로 구성되지만 여기에 수로안내선, 화물선, 좌우명령선, 작고 빠른 배 등 수십 척이 수행한다. 가와고자부네는 통신사가 놀랄 만큼 금은박, 검은색 옻칠, 화려한 휘장과 장식으로 치장되어 호화로웠다. 현존하는 회화 몇 점에 이 가와고자부네가 그려져 있다. 대선단의 조종에는 조타수와 격군이 1척당 약 44명, 전체 11척에 484명이고 여기에 수행선의 사공과 승조원이 1척당 8명으로 수행선 약 56척에 448명, 거기에 나룻배 9척이 더해져 합계 1천 명이 넘는 선원이 동원되었다〔「엔쿄 4년 천어좌선 소창기 발췌(延享四年川御座船小倉記拔粹)」, 후쿠오카현립 도요쓰고교 육덕문고소장(福岡縣立豊津高校育德文庫所藏) 외〕.

이 선단은 오사카 출발 후, 요도가와(淀川)를 거슬러 올라 히라카타(枚方)를 지나 야마시로의 요도로 향했다. 히노 데루마사(日野照正)의 연구에 의하면, 여기에 동원된 인원은 같은 1748년의 경우, 올라갈 때 줄을 끄는 인부는 1,472명, 내려올 때에는 308명 그리고 강바닥 준설 인부는 1711년의 경우 가는 길에 합계 2만 644명, 오는 길 합계 1,570명으로 계산되어 있다. 이 노역은 요도에 가까운 곳에서는 야마시로 주변의 마을에 명령되었다. 그것을 기록한 『이궁팔번문고(離宮八幡文書)』「조선신사통행에 대한 촉장 및 청서각」에는 다음과 같은 내용이 있다.

○ 이번의 조선인들이 에도에 감에 있어 오사카로부터 요도가와를 올라가는 동안 양쪽 강기슭에서 줄로 끌어당긴다. 줄이 끊어지거나 손실이 있는 부분은 수선하여 지장이 없도록 한다. 인원 수는 전례에 따라 명령한다. 동시에 강 양쪽에 보기 흉한 것이 없도록 해둘 것. (중략)

○ 강바닥이 얕은 곳은 이에 앞서 인부를 나누고, 올라가는 배의 깊이가 2척 5촌이므로 각 마을에서 그것을 측정해 파내 배가 지장 없이 지날 수 있도록 할 것.

이에 대해 요도가와 부근 서쪽의 노소(納所), 미즈타레(水垂), 오시모즈(大下津) 외 두 마을과 오야마자키조(大山崎庄)의 인부가 청구한 문서가 남아 있다.

(전략)

○ 요도가와 줄기 부근의 미즈오(水尾)에는 미리 강의 봉행이 파

견되어 조사가 시작되었고, 말씀하신 대로 얕은 부분을 폭 10칸, 깊이 2척 5촌으로 파내도록 말씀드립니다. 파내기 작업 일수는 예전과 같도록 하겠습니다. 하지만 물의 흐름을 말씀드리면, 어선이 통행할 때 개선한 곳 외에 얕은 곳이 생길 수 있고, 또 계절에 따라 변화가 있으므로 제방에 가까운 곳은 4~5칸을 파내고, 미즈오 근처의 폭과 깊이는 앞에서 쓴 대로 확실히 파내어 배의 통행에 지장이 없도록 하겠습니다. 위와 같이 말씀드린 것은, 만약 어선이 좌초하면 마을 사람들의 과실로 여긴다는 것, 즉 지장이 없도록 하겠다는 취지를 황송하오나 말씀드립니다.

○ 줄을 당기는 인부들은 보기 흉하지 않게 의복과 머리에 관해 지시하고, 아울러 인부가 교대할 때 마찬가지로 위와 같은 일이 없도록 재차 일러 당일에 혼란이 없도록 할 것을 황송하오나 말씀드립니다.

다시 말해 강 양쪽에서 원활하게 줄을 끌 수 있도록 제방을 따라 길을 정비할 것, 가와고자부네가 좌초하지 않도록 요도가와의 수로를 충분히 확보할 것, 만약 좌초 등의 일이 생긴다면 벌을 줄 것, 줄을 당기는 인부의 겉모습이나 의복을 통신사 일행이 볼 수 있으니 단정히 하고 나올 것 등이 배려되어 있음을 알 수 있다.

이처럼 꼼꼼하게 준비한 후 통신사 선단의 요도가와 통행이 실현되었다. 여기에 동원된 양안의 농민들에게는 그 대가를 지불했다고는 하지만, 농사일을 중단하고 노역에 나오는 것이 그리 가벼운 부담은 아니었을 것이다.

요도로부터의 육로는 교토에 가까운 도카이도, 나카센도(中山道) 일부, 이른바 오미의 조선인가도(朝鮮人街道), 미노지(美濃路) 그리고 오와리아쓰타(尾張熱田)의 미야(宮)로부터는 재차 도카이도를 통하게 된다. 그 사이의 고갯길의 험로는 교토로부터 오미에 걸친 히노오카(日の岡) 고개, 오사카(逢坂) 고개, 그리고 오미에서 다시 나카센도와 만나는 험한 고개, 스리바리토게(摺針峠) 그리고 스루가의 삿타토게(薩埵峠) 등은 경사가 심해 힘든 곳이다. 그후의 하코네토게(箱根峠)는 말할 나위 없다.

에도 시대로부터 근대에 걸쳐 이러한 고개들은 빈번하게 폭을 넓히고 경사를 완만하게 만들기 위해 땅을 파는 공사가 진행되어 이제는 고생을 참지 않아도 되지만, 하나하나 통과할 때마다 고통이 따랐다고 한다. 특히 스루가 오키쓰(興津)에서 유이(由比)에 걸친 삿타토게의 힘든 곳은 1655년 통신사의 통행을 원활하게 하기 위해 깎아 내렸다고 한다. 삿타토게의 통신사를 묘사한 것으로 기타오 마사요시(北尾政美)의 「후지산의 경치(富士山の景)」가 있다.

임시로 놓은 선교

통신사가 육로에 접어든 이후에도 여전히 몇 개의 지점에서 배와 관계를 맺게 된다. 그 하나는 커다란 하천에 다리가 놓여 있

현재의 조선인가도, 시가현 오미하치만시(滋賀縣近江八幡市), 지은이 촬영.

지 않아 임시 선교(배로 만든 다리)를 건너야 했기 때문이다.

미노에서 오와리를 거쳐 이비(揖斐), 나가라(長良), 기소(木曾)의 큰 물줄기는 미노와 오와리에 걸친 노비평야(濃尾平野)를 관통해서 이세만(伊勢灣)에 흘러든다. 그곳에는 평소에 다리가 없었다. 그 이유는 도쿠가와 정권의 서국 다이묘들에 대한 방어 전략이었다고 하나 확실하지는 않다. 어느 쪽이든 도쿠가와 정권 초기 쇼군의 상경 때나 이에쓰네 쇼군에게 칙액이 보내질 때, 요시무네 쇼군의 생모가 에도에 입성할 때 이외에는 열 번의 조선통신사가 에도를 왕복할 때만 다리가 놓여졌다. 그리고 통행이 끝나면 즉시 철거되었다.

이치노미야(一宮市) · 비사이(尾西) 역사민속자료관이 편집한

자료에 따르면 사도가와〔佐渡川 : 현재의 이비가와(揖斐川)〕는 강폭이 200미터가 넘어 80~104척, 스노마타가와〔墨俣川 : 현재의 나가라가와(長良川)〕는 강폭이 300미터가 넘어 105~116척, 고구마가와〔小熊川 : 현재의 사카이가와(境川)〕는 강폭이 40미터로 12~18척, 오코시가와〔起川 : 현재의 기소가와(木曾川)〕는 강폭이 800미터로 274~281척의 배를 일렬로 하여 쇠사슬이나 굵은 밧줄로 연결한 뒤 양안에 거대한 통나무를 박아서 지탱하는 구조이다. 또 상류에는 물줄기를 완만하게 하기 위한 책이 설치되고, 선교가 중앙 부분에서 구부러지지 않도록 단단히 묶는 끈도 준비되었다. 이 임시 다리 설치와 자재의 조달에 필요했던 노역은 감히 짐작할 수가 없다. 모든 과정은 인근 마을에 명령해서 작업을 시켰던 것이다.

통신사 일행이 오사카에 뒤지지 않는 번성한 곳이라고 기록한 나고야를 지나 오카자키(岡崎)에서는 통신사 일행이 먼 길을 이동하는 수고로움을 치하하고 위로하기 위해 쇼군이 보낸 관리들이 찾아와 인사를 했는데, 이는 1607년(게이초 12)부터 관례가 되어 있었다. 물론 오사카에서는 오사카조다이(大坂城代), 교토에서는 교토소사대가 막부를 대표하여 일행의 숙소를 방문하여 인사를 했지만, 그것은 막부 기관을 대표한 것이고 쇼군이 직접 보낸 사자로는 오카자키에서의 출영이 처음이었다. 이 땅이 선택된 것은 이에야스가 태어난 곳이기 때문이었을지도 모른다. 또한 오카자키의 숙관은 '고치소야시키(御馳走屋敷)'라고 불렸다.

다음 장소는 하마마쓰(浜松) 서쪽의 아라이주쿠(新居宿)와 마이사카(舞坂) 사이에 있는 이마기레노와타시(今切渡)였다. 하마나코(浜名湖)와 외해가 연결되어 있는 이 나루터 바로 못 미처 아라이주쿠에서 야마시로 요도부터 사용해 온 말과 사람이 모두 교대한다.

호에이(宝永) 연간(1704~1711)의 대지진 후 이 나루터는 벤텐시마(弁天島)의 북쪽을 우회하는 약 6킬로미터의 항로가 되었는데, 사롱(蛇籠 : 바구니 속에 돌 등을 채운 것)이나 말뚝을 박아서 안전한 항로가 되었다. 그러나 일행을 건너게 하기 위한 배는 이마기레노와타시에서 가지고 있는 배로는 아무래도 충분하지 못해, 부족한 배의 60퍼센트 이상이 미카와국(三河国) 또는 도토미국(遠江国)의 해안이나 호숫가의 어촌에서 동원된 배로, 그 총수는 약 400척을 헤아린다〔『아라이정사(新居町史)』 제1권, 통사편상〕. 그리고 항로의 모래 퍼내기도 강 퍼내기와 마찬가지로 평소의 인력으로는 부족했으므로 막부는 아라이주쿠에 맡겼지만, 비용은 고스란히 그 고장의 부담이 되었다.

도토미로부터 스루가에 걸쳐서는 여전히 큰 강을 몇 개를 통과해야만 했다. 그중 하나가 덴류가와(天竜川)다. 이곳에서는 강 건너기, 인마 교대, 선교 가설을 위한 끈과 돗자리 등의 재료 조달 비용도 모두 역으로 부과되었다. 그것들을 부담하는 미쓰케주쿠〔見付宿 : 현재의 시즈오카현 이와타시(静岡縣磐田市)〕에는 그 과역의 경감에 대한 다음과 같은 소장이 남아 있다.

저희는 모두 항상 왕복의 어역(御役)에 밤낮을 가리지 않고 힘써 왔습니다. 게다가 선교를 설치하는 일을 위해 4월부터 9월까지 100석과 100명을 차출했고, 그 외에도 많은 물품을 차출하여 매일 오가는 인마역을 수행하느라고 논밭을 경작할 시간도 없었습니다. 그리고 외역을 하지 않는 마을에는 인마를 교체하기 위한 일을 부담하게 하여 이중 삼중으로 무거운 역을 하지 않으면 안 되었으므로 외람되오나, 위에서 말씀드린 무거운 역의 마을을 참고하여 자비롭게 이번의 일을 명령해 주시길 간청 드립니다.

—『이와타시사(磐田市史)』 사료편 2

위의 내용은 1719년(교호 4) 조선통신사가 통행할 때, 미쓰케주쿠의 농민들이 봉행소에 보낸 호소장이다. 통신사 영접 비용의 국역금 부담과는 별개로 농사일에도 지장을 초래할 정도로 무거운 역이었다. 농민의 무거운 부담에 의해 이 국가적 행사가 지탱되고 있었음을 보여 주는 사료이다.

다음의 오이가와(大井川)는 잘 알려진 것처럼 다이묘도 일반 민중도 가마나 사람의 등에 의해 건너도록 되어 있다. 『시즈오카현사(靜岡縣史)』에 수록된 「호레키 13년(1763) 정월 조선사절통행풍문기〔宝曆十三年(一七六三)正月 朝鮮使節通行風聞記〕」에 의하면, 이때의 통신사는 여정이 약 1주일 지연되었다. 인근에 사는 사람들은 구경하기 위해 가케가와주쿠(掛川宿)까지 나갔지만, 언제 도착할지도 모르는 통신사를 기다리는 것에 지쳐 다음과 같은 노래를 불렀다고 한다.

게이초 때부터 호레키 14년까지 내조해 온 연수 168년째
온다고 온다고 하면서 미루어졌다가 당겨졌다가
초롱 든 사람의 밝음과 어두움
당인(唐人)[57]은 요도강의 물레방아
오늘도 빙글빙글 내일도 빙글빙글
당인이 온다고는 하지만 오는 것은 말(馬)뿐
끝이 없는 것은 아랫것들에 대한 폐

조선통신사 통행 구경을 기대하면서 정확한 도착 일시를 알 수 없는 안타까움, 매와 말이 앞서 지나가는 것을 보면서 초조함이 앞서는 민중의 기분을 알 수 있는 글이다. 그리고 일행의 오이가와를 건너는 모습에 대해서는 "세 사신의 가마에 따르는 조선인 세 사람, 그대로 오이가와를 건너 젖은 냄새만 날 뿐이고, 그 외에 아무것도 남아 있지 않은 다리"라고 기록하고 있다.

후지산 기슭의 후지카와(富士川)의 경우에는 다이묘의 참근교대 행렬이나 일반 통행에는 나룻배를 이용했지만, 조선통신사만은 선교가 지어졌다. 그것은 '후지카와니세고시(富士川貳瀨越し)'라고 하여 선교를 놓고 건너는 것이었다. 이 가교를 위해 역을 명

57. '도진' 또는 '가라비도'라고 하는데 외국인 · 이국인을 말하며, 중국 또는 조선인을 지칭한다. 여기서는 조선인을 말한다. — 옮긴이 주

령받은 마을의 총 석고(石高)는 약 6만 3천 석, 이 마을의 촌고에 따라 석고 100석당 15명의 인력이 부과되어 총계 9,331명의 인력을 내놓을 것을 명령받았다. 그중 570명은 후지토리(藤取)인데, 선교를 강 가운데 고정하는 데 사용하는 굵은 밧줄의 재료인 등나무(藤)를 가까운 산에서 채취해 오는 사람들이다. 선교는 이 외에도 바뉴가와를 비롯하여 각 소에서 만들어졌으며, 그 뒤에는 눈에 띄지 않는 수많은 민중의 노력과 뒷받침이 있었다.

제공되는 요리 — 히코네번의 경우

통신사 맞이에 있어 각지에서는 영접에 최대의 노력을 기울이고 신경을 썼다는 사실은 위의 내용에서 알 수 있었는데, 여기서는 오미 · 히코네번(彦根藩)의 숙소에서 제공한 요리에 관한 기록을 보도록 하자.

1636년(간에이 13), 그 당시의 번주 이이 나오타카(井伊直孝)는 막부로부터 영지 내에서 조선통신사를 접대하라는 명령받았다. 세 사신의 숙사는 전례대로 조카마치(城下町)의 소안지(宗安寺)로 정하고 경내와 건물 내부에까지 세세한 부분에 걸쳐 접대 준비에 관한 지령을 번에서 내려왔다.

"다다미의 표면을 전부 교체하는 것이 마땅합니다. 다다미의 겉은 효고 · 오미의 것으로써 곳곳에 어울리도록 일러야 하고, 신사 · 상상관 · 상관과 그 외의 사람들이 쓸 화장실은 지금으로는 바람직하지 않기에 쓰기 편하게 고치는 것이 마땅합니다."

"소안지 가내의 일은 말할 것도 없이 사중 · 묘지 · 덤불 안까지 청소에 정성을 들여 깨끗하게 할 것을 명령하는 것이 당연합니다."

그리고 주지의 방이 좁기 때문에 새롭게 임시로 작은 건물을 지어 욕실도 새로 짓게 했다. 통신사의 가마를 메는 데에는 많은 인원이 필요한데, 안정적으로 메어야 하므로 일반 백성은 적합하지 않아 무사에게 메게 했다. 최대의 문제는 식사의 제공이다. 통신사 일행이 즐기는 육류는 나가사키에서 '살아 있는 돼지 15마리'를 사들여 오사카를 거쳐 후시미(伏見)부터는 수레로 운송했다. 그렇지만 요리법을 몰라 원하는 대로 일행이 조리해서 먹도록 하고 "돼지가 도망가지 않도록 울타리를 튼튼히 쳐서 관리할 것", 꿩 · 닭은 많이 모아 둘 것, "직분이 낮은 사람들까지 충분히 먹을 수 있도록 준비할 것"을 명령했다.

또 소도 준비시켰다. "지난번에는 소 요리를 준비하지 않았었지만, 이번에는 괴롭겠지만 살찐 어린 소를 한 마리나 두 마리 준비하여 고려인들에게 요리를 시키는 것이 마땅합니다."

히코네의 소안지에는 정문인 적문(赤門) 외에 조금 작은 흑문(黑門)이 있다. 이 흑문은 정진결재를 취지로 하는 절 측이 정문으로 육류가 드나드는 것을 피하기 위해 문을 만들어서 그곳으로 운반하게 했다는 설이 있다. 이 모든 것이 조선통신사 일행을 위해 당시 일본인의 식재료가 아닌 재료가 운반되었던 것은 분명한 것 같다. 그 밖에 육류를 사용하지 않는 음식 중 조선인이 좋아한 것으로 '파 · 마늘 · 미나리 또는 팥밥'이 기록되어 있으며, 이것들을 준비해 두고 "술 · 안주 · 과자 등을 충분히 준비하고 대접할 것"이라고 기록되어 있다〔이상 히코네번 이이가 문서 「(이이)나오타카양나오오키양어서부지사(井伊)(直孝様直興様御書付之寫)」 『히코네시사』 근세사료편〕.

이렇듯 번주 스스로 통신사의 음식 제공에 세심한 주의를 기울여 정성껏 마련했는데, 위에서 말한 정중한 접대는 '도쿠가와 이에미쓰의 위광'에 의해 조선 예조로부터 노중인 번주가 서간을 받았으므로 "무례하고 정성을 들이지 않고 낸다면, 첫째는 봉공(奉公), 둘째는 일본국의 수치이며, 이국(異國)에까지 악명이 퍼질 수도 있다. 삼가 예의에 어긋남이 없이 최선을 다하도록 명령해 두지 않으면 안 된다"(앞의 사료)라고 기록하고 있는 것처럼 번주 및 번의 체면이 걸린 문제로 거론하고 있다. 아무튼 히코네번의 접대가 정중했다는 사실은 당시 통신사의 사행록에도 기록되어 있으며, 선린우호의 분위기가 지방에까지 널리 퍼져 있었음을 이야기해 주고 있다.

제5장

문화교류의 여러 모습
— 수용과 발신의 시도

김유성, 「낙산사도병풍(洛山寺圖屛風)」 제4선,
시즈오카시 세이켄지(靜岡市淸見寺) 소장.

조선의 유학에서 배우다—후지와라 세이카와 하야시 라잔

일본 근세 유학의 선조는 후지와라 세이카(藤原惺窩, 1561~1619)일 것이다. 유학의 일본 전래는 멀리 6세기에 한반도로부터 전해진 것으로 알려져 있다. 그후 일본 유학은 헤이안 귀족에게는 가학(家學)의 하나가 되었고, 또 과시(과거라고도 한다. 고위 대관이 되기 위한 국가시험)가 시행되었던 시대에는 귀족 교양의 하나로 여겨졌지만, 중세 이후에는 전적으로 고잔(五山) 선승의 필수 학문으로 전해졌다. 세이카 또한 교토 쇼코쿠지(相国寺)에서 공부할 때, 유학이 어떠한 것인지 관심을 가졌다. 그리고 그 깊은 뜻을 구명해 보고자 명나라에 가려고 했지만 폭풍우 때문에 좌절하고 만다.

1590년〔덴쇼(天正) 18〕 도요토미 히데요시의 시대, 교토에 온 조선통신사와 세이카는 숙관 다이토쿠지(大德寺)에서 만났다. 그 때 조선 주자학의 태두 이퇴계의 문하생이던 부사 김성일, 서장관 허 성과 교류해 점차 유학에 강한 관심을 기울였다. 또한 그후에는 일본에 피랍되어 온 강 항(1568~1618)과의 만남도 있었다. 강 항은 처음에 도도 다카토라(藤堂高虎)에 의해 이요(伊予)의 오즈(大洲)에 연금되어 있었다. 이윽고 교토 후시미(伏見)에 있는 도도의 저택에 옮겨져 거기서 하리마(播磨)의 다이묘로서 학문을 좋아하는 아카마쓰 히로미치(赤松広通)를 알게 되었고, 그 인연으로 후지와라 세이카 역시 강 항과 알게 되어 그의 새로운 훈점(訓點)에 의한 송대유학 학식에 더욱 자극을 받았다. 그리고 후지와라 세이카는 정자나 주자의 새로운 주석에 의한 사서오경의 서사를 강 항에게 의뢰했으며, 강 항은 그것을 완성시켰다. 『세이카문집(惺窩文集)』에 수록된 강 항이 쓴 「오경발(五經跋)」에 다음과 같은 문장이 있다.

> 해의 동쪽에 사는 사람, 송의 현자가 있음을 몰랐다. 단지 세이카의 뜻은, 아카마쓰 공이 아니면 이룰 수 없다. 이 아카마쓰 공이 없었다면 바로 세이카도 없었을 것이다.

학문의 내용에 대한 두 사람의 문답이 남아 있는데, 후지와라 세이카가 주자학 외에 양명학이나 육상산의 유학에도 관심을 보이고 있다는 사실을 알 수 있다. 1601년〔게이초(慶長) 6〕 세이카는 도쿠가와 이에야스 앞에서 유학자들이 입는 복장을 하고 나타나 『한서』 등을 강의했다고 한다. 이에 대해 쇼토쿠지의 사이쇼 조타이(西笑承兌) 등은 거세게 비판했다. 그러나 세이카는 유학이야말로 진실의 길을 분명하게 해주는 것이라면서 반론했다.

하야시 도슌(林道春)은 세이카가 이에야스의 초빙을 받기 직전에 그와 만났다. 젊은 시절 교토 겐닌지(建仁寺)에서 공부한 그는 유학에 매우 큰 관심을 갖고 있었으므로 세이카는 얼마 안 되어 그에게 라잔(羅山)이라는 호를 지어 주며 사제의 연을 맺는 것과 동시에 이에야스의 시강으로서 추천했다. 오랜 세월 가학을 이어받아 유학의 정통으로 임해 온 기요하라노 히데카타(清原秀賢)는 이 인사에 강력하게 저항했으나, 이에야스는 라잔의 박식함을 활용하기 위해 막부 중추의 고문으로 그를 등용했던 것이다. 특히 외교 · 종교정책에 대한 라잔의 관여는 막대했다(제2장 참고).

라잔은 이에야스 · 히데타다(秀忠) · 이에미쓰(家光) · 이에쓰나(家綱)의 4대에 걸쳐 쇼군을 섬겼고 조선통신사와의 만남은 1655년〔메이레키(明暦) 원년〕까지 계속되었다. 그는 도쿠가와 정권이 발행하는 외교 문서를 기초하는 일에도 등용되었다. 1607년〔게이초(慶長) 12〕 사이쇼 조타이가 죽은 후에는 난젠지(南禪寺)의 곤치인스덴(金地院崇伝)이 그 뒤를 이었다. 그리고 1633년〔간에이(寛永) 10〕 스덴이 죽자 라잔이 이에미쓰 정권의 중추로서 중요한 위치를 차지했다. 야나가와잇켄(柳川一件)이 발발했을 때, 야나가와 시게오키(柳川調興)를 변호하는 입장에 서서 노중 도이 도시카쓰(土井利勝)와 함께 쓰시마의 소(宗) 씨를 곤란에 빠뜨리려 했고, 조선 측의 역관과 언쟁을 벌이기도 했다. 그러나 이와 동시에 라잔은 자신의 위치를 이용해 통신사와 자주 학문적 논의를 할 수 있었다.

통신사 측의 라잔에 대한 평가에는 다음과 같은 것이 있다. 통신사 일행이 귀국한 직후 국왕이 "그 나라 사람들 중 글에 뛰어난 자가 있더냐?" 하고 물었다. 이에 1636년의 정사 임 광은 "문에 뛰어난 자는 없습니다. 시는 더욱 좋아하지 않았습니다"라고 답했다. 한편 부사 김세렴은 말했다. "소 장로〔召長老(도호쿠지의 도인 겐쇼)(東福寺 棠陰玄召)〕, 서당〔西堂(도호쿠지의 교쿠호 고린)(東福寺 玉峰光璘)〕이 문을 좋아합니다. 나라 안에 오직 라잔의 글을 최고로 여깁니다. 연로 및 에도에서 찾아와서 묻는 자들이 많았습니다. 모두 이기성정(理氣性情) 등의 말뜻을 물었습니다. 이것이 바로 오랑캐가 아니라는 뜻입니다." "이날 도쥰이 와서 경사 중 난해한 부분 60여 조를 물었습니다. 문사의 찬란함이 볼 만한 것이 있었습니다." 그리고 이퇴계나 포은 정몽주에 관한 옛일에 대한 문답도 했다.

"그 설, 돈오한 뜻이 많아 내가 답해서 말한다. 이것은 즉 석씨의 파(불교도)이다." "도쥰의 책을 얻고 경의를 표하며 말하길, 사신의 말씀이 저에게는 약이 됩니다. 우리나라(일본)의 학문은 선보다는 출가를 논하는데 여기에 병폐가 있습니다. 하나같이 공자의 학문에 돌아가길 원합니다. 그러기 위해 무엇을 배워야겠습니까?"

그에 김세렴은 "격물치지(格物致知)에서 나온 성의정심, 평천하(나라를 다스리는 것)에 이르는 단계를 순차적으로 깊이 공부하여 밝혀야 할 것입니다"라고 답했다〔이상 김세렴, 『해사록(海槎錄)』〕.

이 같은 문답은 일본의 유학이 고잔 문화에서 나왔다는 사실은 앞에서 설명했다. 이 시기 일본의 유학에 관한, 조선 측 정사 임 광과 같은 이들의 인식에 대해서는 조금 그 배경을 알아 둘 필요가 있다. 왜냐하면 임진왜란〔분로쿠 · 게이초노에키(文禄 · 慶長の役)〕으로 수백만에 이르는 인명을 잃어버리고 왕궁과 민가가 파괴되고 많은 사람의 납치 연행과 약탈까지 당한 조선으로서는, 그 같은 행위를 저지른 일본인은 오랑캐이고, 결과적으로 적개심을 불태우던 상대였던 것이다.

한편 조선의 지식인은 조선이야말로 주자학을 중심으로 한 동방소중화국이라는 자기중심적 문화의식이 강했다. 조선 왕조하에서의 불교 배척 풍조도 그것을 더욱 부채질했을 것이다. 특히 유학에 관해서는 라잔이 자각하고 있던 것처럼 일본은 아직 초보적인 단계에 있었던 것은 사실이다. 도호쿠지의 소 장로는 정사 임 광의 질문에 웃으면서, "일본에 문자를 아는 자가 많지 않다. 그러므로 문서는 한두 사람만이 관리한다. 근래에 학문하는 자가 많다고 하더라도 문리를 이해하는 자는 적다"고 답하고 있다〔임 광, 『병자일본일기(丙子日本日記)』〕.

하야시 라잔은 삼남인 슌사이〔春斎, 1618~1680. 이름은 가호(鵞峰)이고 슌사이는 호〕에게 뒤를 잇게 한다. 그는 아버지 하야시 라잔과 마찬가지로 책을 많이 읽고 기억력이 뛰어난 사람으로 이에쓰나 · 쓰나요시(綱吉) 시대의 막부 외교에 참여했다. 그가 연에도의 가쿠몬쇼(学問所)인 쇼헤이코(昌平黌)가 유시마(湯島)로 옮겨 막부의 비호를 받았고, 대대로 하야시가의 필두를 대학두(大学頭)라고 칭하는 것을 허락받았다. 가호의 뒤는 노부아쓰〔信篤, 1644~1732. 호는 호코(鳳岡)〕가 이어받았다. 이렇게 하야시가가 세습하는 막부의 관학이었지만, 학문적 수준은 통신사 측으로부터 매우 혹독한 평가를 받았다.

1719년〔교호(享保) 4〕의 제술관 신유한은 말한다. "그 문필을 보건대 졸박해 마지않다. 일본의 관작은 모두가 세습이며, 명성이 높은 문사라 하더라도 노부아쓰의 문하에서 인망을 얻지 못하면 등용되지 못한다. 가소로운 일이다"〔『해유록(海遊錄)』, 강재언 역〕. 실제로 노부아쓰의 실력은 어느 정도였는가는 차치하고 엄격한 과거를 통과해 중앙의 관료가 된 통신사의 사신과 수행원들이 보기에, 에도 전기에서 중기까지 일본 유학은 수준이 낮아 언급할 가치도 없는 것으로 여겨졌다. 그런 가운데 김세렴과 같은 호의적인 시선은 오히려 예외적이었다. 또한 일행의 주된 관심이 일본의 군사 · 정치 사정에 쏠리고 있어 그에 대한 보고가 요구되었던 점 역시 일본 유학의 객관적인 평가가 이루어지지 못한 원인의 하나이다.

아라이 하쿠세키와 조태억의 격렬한 필담

그러한 상황에서 파문을 일으킨 것은 1711년〔쇼토쿠(正德) 원년〕에 있었던 아라이 하쿠세키(新井白石)와 정사 조태억의 격렬한 필담이었다〔『강관필담(江関筆談)』〕. 앞서 기술한 것처럼 하쿠세키와 조선통신사의 만남은 1682년〔덴와(天和) 2〕에 시작되었다. 하쿠세키는 시문에 있어 크게 자부하는 바가 있었다.

이 시기가 되면 통신사의 숙관에는 에도, 오사카, 교토, 나고야를 비롯한 각지에서 많은 학자와 문인이 몰려들었다. 지필묵을 가져와 필담을 나누고 시를 주고받았다. 때로는 학자뿐 아니라 승려나 신분이 낮은 사람까지 일행에게 휘호와 시문을 부탁했다고 한다. 어쨌든 이때 에도에서는 하야시 노부아쓰, 기노시타 준안(木下順庵)을 비롯해 준안 문하의 히토미 유겐(人見友元), 야나가와 신타쿠(柳川震沢) 등이 숙관인 혼세이지(本誓寺)에서 열린 필담창화(筆談昌和)의 자리에 참석했다. 이를 전후해서 하쿠세키는 자작 시집 『도정시집(陶情詩集)』을 가져와 제술관 성 완에게 서문을, 비장 홍세태에게 발문을 청했다.

그 요청을 받아들여 서문에는 "하쿠세키 공은 일세의 문단이다. 풍류의 으뜸이라 할 만하다"라고 썼고, 발문에는 "깨끗하고 산뜻하며, 아름답고 곱다. (중략) 진정으로 작자의 수고로움이며, 그 사람을 보건대 뛰어난 시재를 가진 이른바 표리가 하나인 금옥의 군자이다." 외교적인 언사라는 느낌이 없지 않지만, 초기와는 다르게 선입견 없이 솔직한 감상을 말하는 분위기가 생겼다고 말할 수 있을 것이다.

1711년, 하쿠세키는 다음 통신사 도착 전에 쓰시마의 아메노모리 호슈(雨森芳洲)에게 『하쿠세키시초(白石詩草)』를 보내, 통신사 일행에게 1682년과 마찬가지로 서문과 발문을 요청했다. 정사 조태억은 그 시를 보고 "번성한 당나라 시인의 말투 그대로이다"라고 찬사를 보냈다. 그것이 과장이 아니었다는 증거로, 이 시집은 일행에 의해 조선에 여러 권 보내졌고, 후에 호슈에게 더 보내달라고 부탁했다. 아이들의 교과서에 인용된 적도 있다고 한다. 어찌되었거나 일찌감치 있었던 에도 시대 일본으로부터의 문화 발신 예이다. 또 『하쿠세키여고(白石余稿)』는 류큐를 경유하여 중국에 전해졌다고 한다.

시의 창화는 아마 하쿠세키의 제안에 의해서였을 것이다. 준안 문하생을 중심으로 한 교환의 모임이 있었다. 기노시타 기쿠탄(木下菊潭), 무로 규소(室鳩巢), 기온 난카이(祇園南海), 후카미 겐타이(深見玄岱), 미야케 간란(三宅観瀾), 핫토리 간사이(服部寬斎), 도히 가슈(土肥霞洲) 등이 참석한 모임이었다. 통신사가 에도에 체재하는 중 두 번 열린 이 모임은 양쪽 모두에게 한자 · 한시를 공통의 문화로 하면서 다른 문아(文雅)의 분위기를 가진 양국 문화교류의 즐거움을 체험할 수 있었던 둘도 없는 기회였다.

『강관필담』을 보자. 같은 해 11월 5일과 6일 양일에 걸쳐 에도성에서 열린 필담으로, 쌍방의 체면을 건 적절한 긴장과 동아시아의 고사내력의 지식을 피로한 문화 · 학술교류의 장에 관한 기록이다. 이 자리에는 도중에 통신사의 다른 수행원과 호슈 등도 가세했다.

필담은 해외 지식의 교환으로 시작되었다. 이 점에서는 아라이 하쿠세키가 이탈리아 선교사 시도치(Giovanni Battista Sidotti)를 심문한 실적을 앞세워 조선 측을 압도했으며, 필요하다면 세계지도를 주겠다고까지 말했다. 다음으로 중국 문명의 전승에 대해 조선 측은 우리야말로 중화 문명의 올바른 전통을 전하고 있다고 주장했는데, 이에 하쿠세키는 "그렇게 말하더라도 어차피 명나라 시대의 것이다. 일본에는 고대의 하·은·주의 전통을 전하고 있다"라고 했다. 그리고 연석에서 아악과 고려악의 연주를 들려주어 통신사를 놀라게 했다. 이어서 조선이 청국의 풍습을 강요당하지 않고 있는 것은 남쪽에 일본의 존재가 있기 때문이 아닌가라는 말도 했다. 그리고 마지막에 양자는 무로마치 시대 후반 일본에 통신사의 서장관으로 왔던 『해동제국기(海東諸國紀)』의 저자 신숙주가 성종에게 바친 유언인 "청하건대 일본과의 화를 잃어버리지 마옵소서"라는 유명한 말을 언급하면서 양국의 평화를 기원한다고 했다.

지방에서의 교류 — 시문 응수

이상은 에도에서의 문화교류의 예이지만, 에도 시대 중기가 되면 통신사의 내빙을 기회로 지방에서도 다양한 교류가 발생하게 되었다. 후쿠오카번 아이노시마(福岡縣藍島)에서는 1682년에는 번의 가이바라 에키켄(貝原益軒)·가이바라 지켄(貝原耻軒)·쓰루하라 규코(鶴原九皐)·다케다 슌안(竹田春庵) 등이, 1711년에는 가미오 쇼도(神尾松堂) · 다케다 슌안 · 샤쿠 뎃쇼(釋鐵相) 등이, 1719년에는 구시다 긴잔(櫛田琴山) · 후루노 바이호(古野梅峰) 등이 필담창화를 열었다. 그중에서도 가이바라 에키켄의 다음 칠언절구는 잘 알려져 있다.

예부터 존경해 말씀드리고 있는 유교의 학문의 정통성을

무심코 오늘 만난 빈객과 함께 다시 생각하게 되었습니다.

이전에 사해(중국 · 조선 · 일본 · 류큐)의 사람들이 모두 형제였다고 들었습니다.

술잔을 주고받으며 서로 만나는 님은 이전부터 아는 사람 같습니다.

舊慕殊方儒術正

何圖今日見嘉賓

曾聞四海皆兄弟

傾蓋相逢如故人

그리고 히젠국 우시마도(肥前国牛窓)에서는 오카야마번(岡山藩)의 유학자 오하라 마사요시(小原正義)가 "귀국에 묻습니다. 퇴계 선생의 자손은 오늘날에 있습니까? 또 학문을 좋아합니까? 그리고 그 학문을 전하는 자 있습니까? 불초하여 일찍이 자성록(自省錄)을 보아 그 학문의 바름과 덕 높음을 알고 있어 지금 여기에 이르렀습니다"라고 말하자, 성 완은 "퇴계의 자손은 번성하고 있으며, 학문을 전달하는 자도 끊이지 않습니다. 부끄러워할 것 없습니다. 자성록의 많은 심오함을 잘 알고 계십니다"(이원식, 『조선통신사의 연구』). 이는 1682년의 일로, 지방 유학자의 높은 지적인 관심을 말해 주고 있다.

아버지와 아들이 함께한 교류

다음과 같은 예도 있다.

오미(近江)의 숙박지에 모리야마의 슈잔지〔守山寺 : 도몬인(東門院)〕에는 1748년의 수행원 황경암(본명은 알 수 없음)이 쓴 편액 등이 있었는데, 안타깝게도 몇 해 전 화재로 소실되었다. 그러나 모리야마의 숙소였던 우노가(宇野家)에는, 같은 해 수행원 서경원이 가문의 주인 우노 하루시키(宇野春敷)에게 보낸 한시 6편이 작은 병풍으로 표구되어 현존해 있다. 서경원은 배소동자(賠小童子)라는 비교적 낮은 직책을 맡은 인물이었기 때문에, 세 사신이 숙박했던 슈잔지가 아니라 민가인 우노가를 숙소로 삼았을 가능성이 높다. 우노가는 주조업을 운영하는 부농이었다. 당시의 우노 하루시키는 오미의 벽촌에 있으면서 서경원과 시문으로 교류할 정도의 교양을 익히고 있었다는 것을 알 수 있다. 또 양자인 우노 레이젠(宇野礼泉)은 후일, 통신사의 일행이 비와코(琵琶湖)의 절경을 바라볼 수 있는 보코도(望湖堂)라는 히코네(彦根) 동쪽의 스리바리토게(摺針峠)에 있는 자야(茶屋)에 통신사가 남긴 글씨가 있다는 이야기를 듣고 급히 달려가 그곳에서 칠언절구를 읊었다. 레이젠은 후에 제제(膳所) 번주의 시강으로 발탁될 정도의 우수한 인재였다. 통신사가 보코도에 남긴 글씨들 역시 화재로 자야와 함께 소실되었다.

부자가 함께 통신사의 숙사에서 교류했던 예는 그 외에도 있다. 신유한의 『해유록』에 의하면, 오사카에서는 히고 구마모토(肥後 熊本)의 유학자 미즈타리 야스나오(水足安直)가 14세의 아들을 데리고 나타나서는 아들의 자와 호를 지어 달라고 부탁했고, 또 이케 난메이(池南溟)도 15세 아들을 동석시켰다고 한다.

귀로의 스오 가미노세키(周防 上関)에서는 다른 서생과 함께 온 아와야(粟屋)라는 11세 여자 아이가 있었다. 신유한은 그 아이에 대해 다음과 같이 말하고 있다.

"큰 글씨를 잘 써 숙관에 여러 장 주었다. 필법은 홍법체를 사용하고 있다. 글은 죽은 뱀과 같이 부드러운 모습은 아니지만, 어린 계집아이임을 감안하면 보기 드문 일이다. 나는 짧은 서문을 지어 그 글머리에 제목을 붙여 돌려주었다"(강재언 역).

이 밖에 성년인 아들들을 데리고 온 예는 오가키(大垣)의 의사 기타오 슌포(北尾春圃, 1658~1748), 나고야의 유학자 마쓰다이라 군잔(松平君山) 등 일일이 꼽을 수 없을 정도다.

18세기가 시작될 무렵 일본의 식자율과 교육 수준의 정도를 이야기해 주는 삽화라고 말할 수 있다.

다이초로(對潮樓)에서의 필담

다음으로 큰 전환점은 일본에 있어서 주자학 비판의 고조였다. 교토의 유학자 이토 진사이(伊藤仁齋, 1627~1705)의 학문이 기폭제가 되었다. 진사이는 다른 유학자와 마찬가지로 젊었을 때 사서를 비롯한 유학서를 주자의 주석으로 읽어 왔다. 또 양명학이나 불교에 대한 지식이 어느 정도 있었다. 그러나 점차 원전 자체에 관심을 가지고 맹자를 중심으로 연구를 하게 되었다.

이토 진자이의 말에 의하면, 사서 가운데 공자의 『논어』와 『맹자』는 존중해도 『중용』은 공자의 가르침을 바르게 전하고 있지 않으며, 『대학』에 관해서는 "『논어』와 『맹자』 두 책을 숙독하고 깊이 생각하여 성인의 생각과 말을 짚어 가장 중요한 점을 분명하게 밝힌다"〔『어맹자의(語孟字義)』〕고 했다. '고학파', '고의학'이라고 불리는 진사이의 학풍은 중국 송대에 나타난 주자의 주석을 더욱더 새롭게 해석하는 것이었는데, 당시 일본 학자로부터는 당연히 이단시되었으며, 그의 학파는 장남인 도가이(東涯) 등에게 계승되었다. 그리고 진사이의 사상을 조선통신사에게 전한 것은 도가이의 이복동생 이토 바이우(伊藤梅宇, 1683~ 1745)였다.

바이우는 스오 도쿠야마번(德山藩)의 학자로서, 1711년에 통신사 일행과 시문을 주고받을 기회가 있었다. 그후 1719년에는 히고 후쿠야마(福山) 번주의 밑으로 옮겨 다시 한 번 통신사 일행과 아키 도모노우라(安芸鞆浦)에서 교류할 기회를 얻었다. 장소는 후쿠젠지 다이초로(福禅寺對潮樓, 다음 페이지 그림 참고)였다. 그때의 기록 「한객창수록(韓客唱酬錄)」에 의하면 바이우는 서기인 성몽양과 필담했다. 성몽양은 이미 진사이의 이름을 알고 있었고, "돌아가서 본국에 자랑하고, 해가 지는 동쪽에 유학의 한 맥으로 있음을 알려야 한다"라고 말하면서 그 글을 청했기 때문에, 바이우는 부친의 대표작 중 하나인 『동자문(童子問)』을 아메노모리 호슈에게 부탁하여 증정했다고 한다. 즉 1711년의 통신사가 진사이의 저작을 가지고 돌아갔고, 조선 유학자들 사이에서 관심을 받고 있었던 것이다. 그러나 성몽양과 같은 해에 온 제술관 신유한은 진사이가 설명한 것은 단지 매일 행할 도만을 중시하고 주자가 강조한 성리의 학문을 가볍게 보고 있으며, 그의 말에 따르는 자를 "금수초목의 성질을 사람의 도에 요구하는가"라면서 강하게 배척했다.

이 같은 발언에도 있듯이, 조선에서는 일본의 새로운 학설에 대한 진지한 검토가 바로 시작된 것은 아니었지만, 얼마 후 다산 정약용(1762~1836) 등 실학자에 속하는 사람들에게는 그를 이해하려고 하는 노력을 볼 수 있다. 그것은 진사이에 국한하지 않고, 오규 소라이(荻生徂徠, 1666~1728)와 다자이 슌다이(太宰春台, 1680~1747)의 평가로 이어진다. 모두 반주자학적인 공통점을 가지고 있는 학자들이다.

하우봉의 연구로부터 인용하면, 정약용이 직접 읽은 것은 다자이 슌다이의 『논어고의전(論語古義傳)』뿐이지만, 다산은 "이른바 고학 선생 이토가 완성한 글 및 오규 소라이, 다자이 슌다이

홍경해, 「다이초로(對潮樓)」 액자, 히로시마현 후쿠야마시 후쿠젠지 소장.

등이 논한 바의 경의를 읽어 보니 문장이 모두 찬연했다." "일본은 지금 걱정할 것이 없다"[58]라고까지 말한다. 마찬가지로 일본과 일본 유학에 관심을 기울였던 사람으로 이덕무(1741~1793)를 들 수 있다. 그 역시 실학파로 일본의 고학을 높이 평가했고, 1764년 〔호레키(宝暦) 14 · 메이와(明和) 원년〕 통신사의 수행원이었던 성대중과 원중거로부터 그들의 견문을 듣는 것과 동시에 가지고 돌아온 자료를 보기도 했다.

앞에서 설명했듯이 유학이라는 근세 지식인의 최대 관심 분야 그리고 경세의 철학이었던 영역에 관해서 공통된 선현의 이론을 검토함으로써 일본과 조선 양국의 사람들의 상호 이해가 진행되고 있었다는 점, 그리고 조선통신사의 내빙 행사를 통해 실현되었다는 점을 다시 한 번 확인해 두고 싶다.

---

58. 일본에서는 현재 유학에 대한 공부가 제대로 이루어지고 있어 그 성과를 신뢰할 수 있다는 뜻. — 옮긴이 주

미의 가교
—이케 다이가와 오오카 슌보쿠와 통신사 화원

조선통신사에는 '화원'이라고 불리는 화가가 통례적으로 한 명 수행했다. 통신사 일행에 그들이 동행했던 이유는 일본 풍경의 스케치를 하는 것이었지만, 임진왜란을 돌이키면서 "일본이 무(武)로써 한 것에 문(文)으로써 보복한다"라는 조선 조정의 의도가 있었다고 볼 수 있다. 그들은 사행 도중 각지에서 요구받는 대로 즉석에서 회화를 그렸다. 그런 그림을 석화(席畵)라고 한다. 예외적으로 두 번 방일했던 취옹 김명국과 설탄 한시각, 거기재 최 북, 서암 김유성, 소재 이성린 등은 모두 뛰어난 산수화와 선의 주제를 표현한 그림을 남겼다. 대부분의 작품에 '조선'이라고 쓴 후 아호를 남겼으므로 판별하기 쉽다. 또 화원이 아닌 사람들이 그린 작품이 적잖이 전해지고 있는데, 그것들은 그림을 잘 그리는 수행원들이 일본인에게서 요구받은 대로 즉흥적으로 그린 작품이다.

일본 화가 중 조선 화가와 교류한 것으로 알려진 사람은 이케노 다이가(池大雅, 1723~1776)와 오오카 슌보쿠(大岡春卜, 1680~1763)이다. 이케노 다이가는 남화의 대가로 알려져 있는데, 등산가이기도 하여 후지산(富士山) · 다테야마(立山) · 하쿠야마(白山)에 올라갔던 경험을 토대로 산악 회화를 남겼다. 그는 1764년 통신사의 화원 김유성과 만날 기회를 얻어 김유성의 즉흥 묘기를 눈앞에서 볼 수 있었다. 그러나 그때에는 질문할 기회를 놓쳤다.

그래서 뒤에 서한을 보내어 후지산의 산주름을 그리는 방법에 관해서 질문했다는 사실이 기록 부본에 남아 있다. 마쓰오 다카요시(松尾尊兌)의 최근 연구에서 이것은 부본이라 아니라 진본이라고 밝혔다〔『도서(圖書)』 2007년 8월호〕.

이 김유성이라는 화가는 다른 일본 화가와도 교류의 족적을 남겼다. 에도의 화가 와타나베 겐타이(渡辺玄対, 1749~1822)는 그 중의 한 명으로, 김유성의 산수도에 '甲申暮春朝鮮西巖爲日本邊瑛〔西巖(서암)은 김유성의 호, 瑛(아키)는 겐타이의 이름〕'이라는 낙관이 남아 있다. 와타나베 겐타이는 중국과 조선의 회화에 큰 관심을 가지고 있었을 것이다.

하지만 김유성이 저명한 것은 스루가국 오키쓰(駿河国興津)의 세이켄지(清見寺)에 전해지고 있는 낙산사도(이 장의 첫 그림 참고)에 의해서였다. 이 그림은 1655년의 종사관 남용익이 에도에서 돌아가는 길에 세이켄지에 들렀을 때, 그 경치가 고국의 강원도에 있는 낙산사와 닮았다고 하자 세이켄지의 주지였던 슈닌(主忍)이 낙산사의 그림을 소망하여 얻을 수 있었다. 원래는 6장이었으나 4장이 현존하고 있다.

또 요시오(敬雄, 1712~1782)라는 닛코(日光) 린노지(輪王寺)의 노승 짓콘(昵懇)이 김유성의 산수도에 시구를 적은 것이 현존하고 있다. 이것은 비단에 채색을 한 본격적인 회화여서 석화로는 생각할 수 없다.

그리고 요시오의 시문은 훨씬 뒤인 1780년에 적은 것이기 때문에, 야마우치 조잔(山內長三)[59]은 이 그림은 후에 누군가가 조선에 주문하여 받은 것이 아닐까 짐작했다. 만약 그렇다면 통신사의 왕래 이외의 인연과 경로에 의한 것이며, 쓰시마번의 중개와 양해가 없었다면 성립되지 못할 이야기이다.

더욱이 이때의 정사 조 엄의 『해사일기』에 따르면, 정사는 화원 김유성에게 어딘가에서 구입한 일본의 지도를 모사하도록 했다. 본래 산수화 화가였지만, 통신사의 수행원으로서는 이러한 임무도 주어졌던 것이다.

1748년의 화원 이성린(1718~1777)과 오사카의 화가 오오카 슌보쿠의 교류 또한 진지했다. 젊었을 때는 가노파(狩野派)[60]에서 배운 슌보쿠이지만 통신사가 왔을 때는 69세, 이미 많은 제자를 거느린 일문의 수장의 지위였다. 당시 통신사가 에도에서 오사카로 돌아왔을 때, 슌보쿠는 문하생과 함께 숙소인 니시혼간지 쓰루무라베쓰인(西本願寺津村別院)을 찾아와 일행 중의 화원과 이야기를 나누었고, 그 자리에서 그린 그림 몇 장을 얻었다. 상대는 이성린이었다. 주고받은 대화가 『상한화회 가표집(桑韓畵絵 家彪集)』에 수록되어 있다.

거기에는 양자 간의 교류를 읊은 시문 몇 편이 담겨 있어 화기

59. 일본회화사 연구자로 『조선의 그림과 일본의 그림』(니혼케이자이신문사, 1984)을 발간했다. — 옮긴이 주

60. 무로마치 막부의 어용화가였던 가노 마사노부(狩野正信)를 시조로 하는 화파로 메이지 시대까지 계속되었던 직업화가 집단. — 옮긴이 주

애애한 모습이 전해져 온다. 또한 슌보쿠는 통신사 행렬을 화권(그림 두루마리)으로 정리했다. 청도기(淸道旗)[61]를 시작으로 하여 쓰시마 번사의 행렬로 끝나는 통신사 일행의 모습을 한 사람 한 사람의 생김새까지 가능한 한 정확하게 옮기려고 한 흔적이 남아 있고, 역직과 인명을 써넣었다. 비단에 채색한 것으로 아름다운 빛을 발하는 화집이다. 특기할 만한 점은 권말에 바로 눈앞에서 통신사를 구경하고 있는 연도의 민중의 모습이 그려져 있다는 것이다. 통신사 일행과 민중의 가까운 거리가 인상적이며, 통신사를 눈앞에서 볼 수 있었던 당시 민중의 눈빛을 분명히 읽어낼 수 있다. 구로카와 슈이치(黑川修一)에 따르면, 이 그림은 통신사가 에도로 향하는 길의 스케치를 기초로 한 것 같다고 한다.

기무라 겐카도와 사와다 도코

오사카의 문인 기무라 겐카도(木村兼葭堂, 1736~1802) 역시 숙관에 찾아가 교류한 인물이다. 술 만드는 일이 본업인 그는 재력을 발휘하여 일본 국내외의 고서적과 회화 등을 수집했고, 많은 문인과 교류하며 그것들을 아낌없이 보여 주고 논의했다. 또한 서화와 본초학에 조예가 깊었고 전각을 할 줄 알았다. 그는 1748년 숙관을 방문하여 서기 성대중을 만나 손수 전각한 자신의 낙관

61. 통신사 행렬의 맨 앞에 선 기수의 깃발로, 길을 깨끗이 치우라는 의미. — 옮긴이 주

1개, 나카무라 미쓰미(中村三実)의 낙관 3개, 후지와라 히사나오(藤原尚修)의 낙관 1개, 사와다 도코(沢田東江, 1732~1796)의 낙관 1개를 선물했다. 성 서기는 선물받은 낙관을 조선에 가지고 돌아갔는데, 어떠한 연유인지는 몰라도 지금은 아마가사키(尼崎)교육위원회가 소장하고 있다. 성대중의 『일본록 사상기(日本錄 槎上記)』에 의하면 실제로는 좀 더 많은 낙관을 선물 받은 것 같지만, 그중에서 나카무라와 사와다의 것이 가장 뛰어났다고 한다. 기무라 겐카도는 젊었을 때 오오카 슌보쿠에게 그림을 배운 적이 있으며, 통신사에게 「겐카도아집화권(蒹葭堂雅集畵卷)」을 선물했다.

더욱 주목할 만한 인물은 사와다 도코이다. 그는 전각의 명인으로서 에도에서 명성이 높았다. 도코는 통신사의 숙관인 아사쿠사의 히가시혼간지(東本願寺)를 방문해 시문 수창에 참여했으며, 그 내용은 『경개집(傾蓋集)』에 정리되어 있다. 통신사 일행이 에도를 떠나 귀로의 첫 번째 숙관인 시나가와(品川)의 도카이지(東海寺)까지 갔을 때, 그는 비가 오는데도 개의치 않고 다른 문인과 함께 일행을 뒤쫓아 각자에게 전별품을 선물했다. 김인겸의 『일동장유가(日東壯遊歌)』에 의하면, 통신사의 수행원들은 그 성의에 매우 감동하여 시문에는 차운을 하고 답례로 먹과 붓을 선물했다.

또 『경개집』에 도코는 쇼군 답서의 낙관을 전각했다고 쓰여 있다. 그 사실을 안 통신사의 수행원 중 제술관 남 옥과 서기 성대중이 도코의 전각을 원하자, 그는 밤새워 제작하여 시나가와의 숙소까지 가지고 갔다고 한다. 그때 도코는 다코비(多胡碑)의 탁본 여러 장과 자신이 저술한 『조모타코군비첩(上毛多胡郡碑帖)』도 선물했다. 그 다코비는 711년에 우에노국(上野国)에 주위의 군을 재편하여 새롭게 다코군을 두었을 때 태정관의 명령문을 기초로 해 세운 기념비로, 지금도 군마현 요시이정(群馬縣吉井町)에 현존한다. 이 탁본은 정사인 조 엄의 집안에 전해져 손자대인 조인영의 시기에 조선 조정으로부터 중국의 북경에 전달되었다. 조인영이 중국에 가는 연행사의 수행원으로 임명되었기 때문이다. 그는 금석학 학자였고, 그 방면에서 성대중을 사사한 적이 있다고 한다. 그리고 성대중에게 탁본을 받았고 그것을 지니고 북경으로 간 것이다.

중국에서는 그 탁본이 기록되어 일본의 고대를 대표하는 기념비로서 존중받게 되었다. 지금도 중국 광동성 산두시(廣東省 汕頭市)의 서원(西園)에 다코비의 모각이 있어 문물보호단위로 지정되어 있다. 이렇듯 통신사의 루트는 당시의 조선과 일본 두 나라의 문화교류뿐만 아니라 중국으로 통하는 동아시아의 문물교류의 회랑을 형성하고 있었던 것이다.

아라이 하쿠세키의 시문이 류큐를 거쳐 중국에 알려졌음은 앞에서 이미 설명했다. 그 외에 조선으로 가지고 들어온 근세일본의 문물 가운데 연행사에 의해 중국에 전달된 것이 적지 않을 것이다. 또 반대로 명나라와 청나라 교체의 배경이나 그 이후의 청

왕조의 정세를, 도쿠가와 정권은 조선통신사에게 알아냈다는 것이 『통항일람(通航一覽)』 등에 기록되어 있다. 문물교류뿐만이 아니라 나가사키와는 다른 동아시아의 정보 루트를 형성하고 있었다고 해야 할 것이다.

통신사를 그리다

앞에서 조선통신사가 그린 회화나 일본인 화가 등의 교류를 설명했는데, 여기에서는 일본인이 그린 통신사에 관한 회화를 살펴보도록 하자. 회화는 제쳐 두더라도 어느 정도의 감상을 목적으로 한 그림 중에 통신사 행렬을 그린 '조선인 행렬도'라는 제목의 작품들이 있다. 그중 두루마리나 병풍으로 꾸며진 대작인 것으로는 막부가 가노파 일문에 의뢰하여 기록용으로 만든 작품이 남아 있다. 또한 일부나마 다이묘가 등의 증답용으로 만들어졌다고 전해지는 것도 있다.

가노 쓰네노부(狩野常信, 1636~1713)도 행렬도를 그린 사람으로, 1711년 정사 조태억의 육필 초상화를 그렸다. 부사 임수간의 『동사록』에 따르면, 가노 쓰네노부는 화구를 들고 숙관인 아사쿠사의 히가시혼간지에 찾아와 공복을 입은 모습을 그리게 해달라고 부탁했다고 한다. 그 밖에 하나부사 잇초(英一蝶)의 「마상휘호도(馬上揮毫圖)」를 시작으로 흥이 가는 대로 통신사를 그린 것도 적지 않으며, 원근법과 투영법 등의 기법을 이용하여 행렬과 행사를 그린 것도 많다.

18세기에 들어서서는 막부나 번이 통신사의 내방을 공표하면 에도, 교토, 오사카에서는 통신사를 소개하는 다양한 출판물이 간행되었다. 대부분은 목판 인쇄이며, 통신사 일행의 행렬을 그 역할과 휴대하고 온 악기 · 깃발 · 의례용 무구 등에 관한 해설을 곁들여 소개하고 있다. 제2대 기타가와 우타마로(喜多川歌磨)를 비롯한 화가는 이 모습을 목판화로 제작했고, 풍속 작가들이 소개글을 쓰기도 했다.

병풍으로 꾸며진 것 중에는 교토의 명소를 그린 「낙중락외도(洛中洛外圖)」에 조선통신사의 모습이 그려져 있다. 중세 말기부터 근세 전기의 교토를 그린 이 대규모 회화는 원래 다이묘들의 선사용으로 제작된 것이지만, 교토 시정의 정경뿐 아니라 기온 마쓰리(祇園祭)나 절과 신사의 제례와 함께 조선통신사 행렬이나 남만인의 모습을 볼 수 있다. 통신사 행렬 그 자체와 풍체나 의복으로 보아 조선인으로 생각되는 인물이 개별적으로 등장하고 있는 것은 현재 열두 작품이 있다. 이렇게 이국인이 등장하는 이유는 에도 시대 초기에 네 오랑캐(동이 · 서이 · 남만 · 북적) 조공의 관념이 있어 이것이 퍼진 결과일 것이라는 학설이 미술사가에 의해 주장되고 있다.

확실히 앞서 말한 하야시 라잔의 주장이나 조선 사절은 "평화 실현의 예(禮)로 왔다는 이야기가 전해지고 있었다"라는 글을 남긴 영국 상관장 리처드 콕스의 『영국 상관장 일기(イギリス商館長日

記)』를 보면, 그러한 관념의 유포를 한마디로 부정할 수 없다. 화가들이 당시의 교토에서 이국인이 자유롭게 활보하거나 통신사가 교토에 입성하는 것을 자주 보고 듣고 있었음이 틀림없다. 그래서 교토의 경관과 시정 풍물 안에 자연스럽게 녹아 있던 조선통신사를 대담하게 그려 넣으려 한 화가로서의 솔직한 창작 의욕의 결과로 보고 싶다. 이것은 와카야마(和歌山)나 닛코, 나고야 등의 「도쇼구제례회도(東照宮祭禮絵図)」에 조선통신사가 등장하는 것과 공통되고 있다고 생각할 수 있다. 즉 조선통신사가 각각의 마을에 오거나 그 소문을 듣는 것만으로도 당시의 사람들에게는 큰 이벤트였다.

조선에 건너간 일본의 회화

일본의 회화도 통신사를 통해 조선으로 건너갔다. 그것은 1636년(간에이 13) 이후 막부가 통신사를 통해 공식적인 예물을 조선 국왕에게 보낸 것과 관련이 있다. 제1회 때에는 대도(大刀) · 백은이, 제2회와 제3회 때에는 금병풍이 전달되었는데 모두 세 사신 앞으로 보낸 것이었다. 그렇지만 제4회부터는 조선 국왕 앞으로 산금(散金 : 금박을 뿌린 것) 또는 첩금병풍(貼金屏風) 20쌍이 매회 보내졌고, 그 외에 은 선반 · 비단옷 · 책꽂이 · 편지함 · 향로 · 마구 등이 보내졌다. 병풍화의 주제는 꽃이나 새, 풍경, 무사, 옛이야기, 풍속 등이며 모두 가노파의 유명한 화가에게 발주하여 그리게 했다. 무사가 있는 그림에는 간단한 설명이 덧붙여져 이해를 도우려고 했다. 세 사신과 조선의 외교 담당부서인 예조에도 보내졌다. 선물 대부분은 행방을 알 수 없게 되었으나, 1986년 서울의 창덕궁 수장고에서 일부가 발견되어 궁중유물전시관에 소장되었다가 현재는 국립고궁박물관으로 이관되었다. 이 분야의 연구를 해온 미술사학자 사카키바라 사토루(榊原悟)가 저서의 제목으로 달고 있듯이 통신사의 왕래를 통해 '미의 가교'가 조선과 일본 사이에 놓여 있었던 것이다.

시문의 교류

회화의 경우, 중국에서 시작된 산수화나 중국 고전을 주제로 한 그림이 조선과 일본 두 나라 화가에게 공통되었던 교양이었고, 또 화법에 대해서도 서로 배울 점이 적지 않았을 것이다. 또한 한자라는 동아시아 공통의 표의문자는 한자 해독에 의한 교양 체계를 공유할 수 있게 만들어 상호간의 이해에 매우 유용했다. 그 때문에 조선통신사가 일본에 오면 조금이라도 학문이나 서화에 관심이 있는 자들이 각지의 숙관에 몰려들어 휘호를 받고자 했다. 통신사 일행 중 제술관 · 서기 · 사자관은 그 요청에 응하려고 새벽에 이르기까지 잠 못 드는 밤이 많았다는 기록이 남아 있을 정도이다. 그런 까닭으로 1682년 이후는 통신사에게 직접 의뢰하는 것을 금하는 명령이 내려졌다. 그러자 쓰시마 번사를 비롯해 모든 연줄을 통해 단 한 줄이라도 좋다면서 휘호를 받으려는 청이 끊이지 않았다.

그런 가운데 중관 이하로 한문을 잘 모르는 이들이 '난잡한 글'마저 소중히 여긴다고 신랄하게 비판한 나카이 세키젠(中井積善, 1730~1804) 같은 지식인이 나타났다. 이것이 마쓰다이라 사다노부(松平定信)의 『우하인언(宇下人言)』의 "일본의 썩은 유생들이 모두 나아가 계림인(조선인)과 창화하면서 유학의 본질을 이해했다고 믿는다"라는 한 줄의 문장에서 볼 수 있듯이, 조선에 대한 적개심이 멸시로 이어져 갔다.

지금도 일본의 각지에 남아 있는 통신사 일행이 남긴 방대한 묵적(墨跡)은 그러한 문화 상황 속에서 만들어진 것이다. 그것들은 한 장의 종이에 쓰인 채 남아 있는 것, 두루마리로 꾸며져 있는 것, 족자로 되어 있는 것 등 여러 형태로 전해진다. 글을 남긴 사람은 앞에서 언급한 것처럼 다양한 직무를 담당한 통신사 수행원들이었다. 한편 세 사신이 쓴 것 또한 적지 않다. 1655년 효종이 막부의 요청에 의해 도쿠가와 이에미쓰의 사당에 보낸 '영산법계숭효정원(靈山法界崇孝淨院)'과 같은 것도 있다(닛코산 린노지 소장). 2002년 세계인권문제연구센터에서 조사한 결과, 편액이나 현판으로 제작되었던 것을 포함해 모두 310점을 헤아리지만, 실제로는 더 많은 귀중품이 남아 있을 것이다.

한 가지 예를 들면, 교토의 쇼코쿠지 지쇼인(慈照院)에는 1682년의 작품과 함께 1711년의 정사 조태억 등이 지쇼인의 주지이자 쓰시마 이테이안(以酊庵)의 윤번으로 에도까지 수행했던 벳소 소엔(別宗祖緣)[62]과 주고받은 육필 시전지 『한객사장(韓客詞章)』 등이 두루마리로 만들어져 정성스레 보존되어 있다. 다른 자료관이나 문고 그리고 한국 국사편찬위원회의 서고에도 많은 유묵이 있다.

현판에 새겨진 것은 일행이 남긴 시문으로, 절구나 율시가 나중에 목판에 새겨진 것이다. 예를 들어 시즈오카시 세이켄지 불당의 벽면이나 기둥 등에 압도될 정도의 현판이 있다. 또 나카센도 부근의 미노 오쿠테주쿠(美濃大湫宿)에는 1655년의 정사 조 연의 칠언율시 현판이 있다. 이 시문은 조선에서 지어진 것으로 통신사 사행 시 만들어진 것은 아니다. 정사가 이 시문을 지참해 온 것인지, 일본의 누군가와 약속하여 귀국 후 보낸 것인지 의문이 남는다. 편액으로 만들어 지금도 산문이나 방장 · 서원 등에 걸고 있는 절과 신사가 꽤 있다. 세이켄지의 '동해명구(東海名區)'와 '조음각(潮音閣)'은 1711년의 현덕윤이 쓴 것이며, 가나가와현(神奈川縣) 하코네의 소운지(早雲寺), 고베시 스마구(神戸市須磨區)의 젠쇼지(禅昌寺)의 편액은 1655년의 김의신이 쓴 것이다.

또한 통신사와 인연이 없던 지방이나 지역에서도 적지 않은 편액이 절과 신사에 걸려 있거나 보관되어 있다. 멀리는 후쿠시마현 나미에정(福島縣浪江町)의 다이쇼지(大聖寺)에, 1711년의 사자

62. 1658~1714년, 임제종의 승려로 교토 쇼코쿠지의 주지. — 옮긴이 주

관 이이방의 글과 편액이 있다. 또한 효고현(兵庫縣)의 바다 쪽에 있는 하마사카정(浜坂町)의 만간지(滿願寺), 교토부 교탄고시 미네야마(京丹後市峰山)의 젠쇼지(全性寺), 교토부 가메오카시(亀岡市)의 곤고지(金剛寺), 미에현(三重縣)의 세이류지(靑龍寺), 효고현 후쿠사키정(福崎町)의 다이젠지(大善寺), 기후현 미타케정(岐阜縣御嵩町)의 구케이지(愚溪寺), 앞에서 말한 오쿠테주쿠의 와키혼진(脇本陣) 등이 있다. 모두 다이묘가 · 절 · 신사와의 인연에 의하거나 쓰시마의 이테이안 윤번에 출사한 교토고잔과 관계가 있거나 유력 가문과의 관계 속에서 산의 이름이나 절의 이름 등의 휘호를 통신사의 수행원에게 부탁하여 받은 것이다.

의학 · 본초학 — 공통의 학문 분야

근세의 일본과 조선 사이에는 또 다른 한 가지 공통의 학문 분야가 있었다. 바로 의학과 본초학이다. 동아시아에서는 고대부터 임상과 약학 양 측면에서 인체의 전면적인 치료를 목표로 하는 이른바 동양의학은 이 시대에 이르기까지 장족의 진보를 이루고 있었다. 이 분야에 대해 자세하게 역사를 더듬으며 근세일본 의학의 발자취를 기술할 여유는 없지만, 역시 조선통신사의 왕래를 매개로 한 의학교류가 커다란 역할을 하고 있었던 것은 알아둘 필요가 있다.

통신사는 본래 일행 중에서 발병할 경우의 치료를 위해 항상 두 명의 의원을 대동하고 있었다. 그리고 침과 뜸을 시술할 줄 알고 지식이 있는 자도 수행원 중에 있었다. 일본의 의사들은 그들과 문답하기를 일찍부터 기대하고 있었던 것 같다. 1636년(간에이 13) 에도에서 노마 산치쿠(野間三竹)와 의원 백토립이 그보다 조금 앞서 조선에서 간행된 허 준의 『동의보감』을 두고 대화를 나누었다는 기록이 있다. 『동의보감』은 당시 동양의학의 최신 성과를 집대성한 것으로 여겨졌으며, 일본에도 전해졌던 듯하다. 그런 점에서 1682년(덴와 2) 통신사 내빙을 맞아 막부는 기존의 의원 2명 외에 뛰어난 의원 1명을 엄선해서 보내 주길 바란다는 뜻을 전했다. 아무래도 임상의와는 별도로 기초의학에 통달한 의학자를 기대했던 것 같다. 이 요청에 맞추어 선발된 자는 궁궐의로 '내의원정(內醫院正)'이라는 신분이 높은 의원이었다. 이후 매회에 조선과 일본 간에 의사문답이 에도 등지에서 열렸다.

우선 지방에서는 미노 오가키 인근의 민간의인 기타오 슌포(北尾春圃, 1658~1748)와의 교류만은 소개하려고 한다. 1711년(쇼토쿠 원년), 슌포는 의업을 잇게 할 생각으로 아들 셋을 데리고 의관 기두문에게 면회를 청하여 일행이 에도에서 돌아오는 길에 오가키의 숙관 젠쇼지(全昌寺)에서 만났다. 그는 자신의 저작 『의론육조(醫論六條)』에 대한 비평을 청했는데, 기두문은 공손히 응하며 슌포를 '하늘의 도리를 아는 동해의 사람'이라고 칭찬했다. 슌포는 이때의 문답을 중심으로 아들 슌린(春倫)의 서문을 덧붙여 뒤에 『상한의담(桑韓醫談)』이라는 제목의 책을 출판했다. 또한

1719년의 통신사 의관 권 도나 다른 의원과도 교류했으며, 『상한훈지집(桑韓塤篪集)』 11권으로 정리되었다. 또한 기타오 슌포의 『정신기론(精神氣論)』, 슌린의 『심하허실론(心下虛實論)』에 대한 비평을 부탁받은 권 도가 병으로 응하지 못하여 제술관 신유한이 그 서문을 썼다. 이때의 기타오 부자와의 교류 일부분은 신유한의 『해유록』에 등장한다.

본초학에 대해서는 인삼의 예를 들어 보겠다. 8대 쇼군 요시무네는 다방면에 걸쳐 물품의 국내 자급률을 높이기 위해 다양한 물자 · 상품 · 재료를 스스로 연구하여 정책으로 실용화했다. 여러 해 동안 낮은 쌀값과 소비물자의 높은 가격에 의한 막부의 적자가 계속되어 해소하기 위한 것이었다. 조선과의 관계로 말하면, 조선 특산인 약용 인삼의 국산화를 위해, 쓰시마에서는 부산의 왜관에 '약재질정관(薬材質正官)'이라는 관직을 가진 담당자를 파견하여 본격적인 조사에 착수했다. 이윽고 그 성과는 결실을 맺어 에도 고이시카와(小石川)와 닛코에서 시험 재배를 거쳐 '종자 인삼'이라고 불리는 국산 약용 고려인삼이 세상에 나왔다. 이것은 결과적으로 쓰시마번의 조선 무역을 쇠퇴시키는 요인의 하나가 되었지만, 산업경제적인 문제는 제쳐 놓더라도 일본의 약학 · 본초학의 진척에서는 유익한 정책이었다. 다시로 가즈이(田代和生)의 근년의 연구가 이에 대해 상세히 밝히고 있다〔『에도시대 조선 약재 조사 연구(江戸時代朝鮮薬材調査の研究)』〕.

민중이 본 조선통신사

"당인(조선인)을 두 번 본 것을 잊지 못해"는 오사카에서 1748년과 1764년 두 번에 걸쳐 통신사를 구경한 우에다 아키나리(上田秋成, 1734~1809)의 시구이다〔『담대소심록(膽大小心錄)』〕. 그는 시정의 학자였기 때문에 민중이라고 말할 수 있을지는 조금 의문스럽지만, 당시의 오사카 민중의 분위기를 전해 주는 자료의 일부라고 말할 수 있다. 통신사가 도착하기 조금 전에 모든 항구와 마을에 번이나 마을의 봉행소(奉行所)로부터 포고문이 하달되고, 통행로를 중심으로 통신사를 맞이할 준비를 하도록 시달된다. 그 내용은 대부분 전례를 따르고 있고 마을 간에 그다지 차이가 없다. 1763년(호레키 13) 6월 오사카의 총회소(惣會所)에서 넘겨받은 조항은 대체로 다음과 같다.

○ 조선인 도착에서 출발까지 마을에서 불조심을 할 것. 만약 체류 중에 화재가 발생하면 해당 집주인에게서 집을 몰수하고 감옥에 보낸다. 남의 집에 살고 있는 자는 오사카에서 추방하거나 감옥에 보낸다.

○ 조선인 도착일부터 쓰무라미도(津村御堂 : 니시혼간지의 별원으로 숙관으로 사용) 근처 마을과 쓰시마노카미의 숙소 근처에 시주를 받으러 다니는 자 및 음식을 구걸하는 자를 방치하지 말 것.

○ 조선인 체류 중 마을의 어린아이 및 하인 등 아랫것들은 밤에 함부로 다니지 않도록 할 것.

○ 통행로는 정성스레 청소해 둘 것. 통행로의 행정관이나 당번, 집주인은 하오리(羽織)·하카마(袴)를 입고 나올 것. 구경꾼이 무례를 범하지 않도록 집주인은 집에 있으며 구경꾼을 대문 밖으로 내보내지 말 것.

○ 일행의 행로는 폭이 좁으니 잡초를 뽑고, 도랑에는 덮개를 두고, 큰길에 나와 있는 간판·작목을 치워 둘 것. (이하 생략)

—「조선인래조일건일기(朝鮮人來朝一件日記)」,

『오사카편년사』 7 및 『오사카시사』 제3

그렇다면 통신사의 등장을 실제로 견문했던 민중은 어떤 식으로 이들을 맞이했을까. 약간 긴 인용이지만, 『호레키물어(宝暦物語)』(저자 불명, 일본 국회도서관 소장)에 의해 그 상황을 추적해 보자.

통신사가 오사카의 하구에 입항했다고 들은 때부터 마을의 준비가 시작된다.

전날부터 모양대로 청소를 하고, 막을 치고, 양탄자를 깔고, 금병풍으로 둘러쌀 것. 통행로는 해안가 또는 마을의 집에도 청죽으로 사람들이 접근하지 못하도록 하고, 그 안에는 백사를 뿌려 빗질 자국을 지울 것. 그리고 제 나름대로 아름답게 꾸며 구경거리를 많이 만들어 그 장소에서 보이도록 할 것. 그렇게 하니 평소에는 상인과 장인의 가게지만 지금은 다이묘의 저택과 다르지 않아, 이 같은 통행로에서 구경하려고 생각하는 자 가운데는 동냥을 구하는 자도 있고, 표를 파는 자도 있으며, 일가친척 · 지인 · 친구 등이 함께 구경하러 간다.

통신사는 오사카에서 며칠 머문 후 도사보리가와(土佐堀川)의 나니와바시(難波橋) 부근에서 가와고자부네(川御座船)에 승선해 요도가와(淀川)를 거슬러 올라가 야마시로(山城)의 요도를 향한다. 『보력물어』는 그때의 정경도 생생하게 묘사하고 있다.

양쪽 강기슭에는 가까운 마을의 남녀노소의 숫자가 수천만이라는 것도 모르고, 남자가 손에 든 부채는 산에 걸친 흰 구름 같으며, 여자들이 정수리에 쓴 면모자는 산기슭에 깔린 눈과 닮았다. 나란히 서 있는 몸을 보니 천체불(千體佛) 같고, 더욱이 하늘과 땅이 붙어 있는 것 같았다.

아침부터 기다리고 있었던 데다 먹을 것이 없어 값싼 1문의 과자나 떡을 사서 먹으려고 하지만, 그것도 갑자기 값이 올라 비싸게 팔았다. 또한 땅이 차갑기 때문에 근처의 농가에서 짚을 사들여 깔개로 썼는데 그 또한 짚 1장에 8문, 10문으로 비싸졌고, 게다가 나중에 버려진 짚은 원래의 주인이 가지고 돌아가므로 그들은 매우 손쉽게 돈을 벌 수 있었던 것이다.

이때 교토에서의 통신사 행렬 견물기로서는 오사카의 호상 고

노이케가(鴻池家)의 번두(番頭)[63] 구사마 나오카타(草間直方)의 『농이집(籠耳集)』이 있다. 나오카타는 오사카에서의 통신사 행렬을 구경했다. 그때는 긴 여행 때문인지 의복도 지저분하고 수행원들 중에는 여성을 희롱하거나 먹다 남긴 과자를 던지는 등 예의범절에 어긋나게 행동하는 사람도 있던 것을 기록하고 있다. 그러나 그는 통신사가 에도부터의 귀로, 교토에 들어갔을 때에 무로마치산조(室町三条)에 있는 지인의 집에서 다시 한 번 구경할 기회를 잡았다.

> 지금부터의 길 주변은 오사카와 같이 집들이 모두 화려함을 다하고 있고 아름답게 장식되어 있습니다. 조선인도 이번 봄 정월 오사카에서 보았던 것과 크게 달리 모두 의복을 깨끗하게 갈아입어 조금도 보기 흉한 것이 없었고, 행장은 대체로 오사카에서 본 것과 같아 행렬의 후미를 지킨 쓰시마노카미는 백만 석의 행렬이라고 말하는 모습이었고, (중략) 좀처럼 글로 나타내기 힘든 행장이었습니다.

이 글에 따르면 쓰시마 번주의 호위행은 10만 석 격을 자칭하는 것만큼 대단히 무리를 한 차림새였던 것 같다. 또한 나고야에서는 다음과 같았다.

63. '반토' 또는 '반가시라'라고 하며 번의 연공징수 책임자로서 유력한 농민으로부터 선택된 사람의 호칭. — 옮긴이 주

혼마치(本町)와 다른 거리의 집집마다 출입문에는 발이 내려진 병풍들이 눈부시게 쳐져 있어 구경하는 남녀가 종일 거리에 넘쳤다. 마쓰리와 같았다.

— 아사히 시게아키(朝日重章), 『앵무롱중기(鸚鵡籠中記)』,
쇼토쿠 원년 10월 4일 기사

또한 『오와리번기(尾張藩記)』 4〔나고야시 쓰루마이도서관(名古屋市鶴舞圖書館) 소장〕에 의하면, 오와리 번주 도쿠가와 미쓰토모(德川光友)는 1682년(덴와 2) 통신사가 왔을 때, 몰래 오와리차야가의 당주 자야 류제(茶屋隆是)의 다치바나정(橘町)에 있는 저택으로 호위꾼 5명을 데리고 구경하러 갔다고 하는 것으로 보아, 각지에서 민가가 신분이 높은 사람들이 은밀하게 행렬을 구경하는 데 이용된 것을 알 수 있다.

에도에서 조선통신사는 국서를 전달하고 연회를 가졌으며 성내에서 마상재를 거행한 후, 쓰시마번의 번저에서 다시 마상재를 펼치고 쓰시마 번주가 여는 연회에 참석했다. 또 1719년(교호 4)부터는 우에노쿠루마자카시타(上野車坂下)에서의 활쏘기 행사가 더해져 통신사가 에도에 머무는 일수는 최소 12일, 통상 20~30일에 이르렀다.

통신사가 체재하는 동안 막부나 마을의 봉행이 특히 마음을 졸인 것은 앞에서 설명한 화재였다. 그래서 통신사의 도착일과 출발일에는 대중목욕탕 · 어묵 노점상 등에게 영업 금지 명령을 내리기도 했고, 불이 났을 경우 당사자들은 말할 것도 없고 마을 전체에 방 1칸당 은 50돈을 과태료로 징수한 일도 있다〔『정보실록(正宝事録)』 엔쿄 5년 7월조〕.

또한 통신사 행렬 때에 길 양쪽에서 나와 갑자기 길을 횡단하는 것을 막기 위해 대나무 울타리를 치도록 명령이 내려져 가는 대나무를 엇갈리게 묶어서 짠 울타리를 임시로 마련했다. 이것은 후에 '조선울타리'라고 불리게 되었다고 한다〔야마모토 가쓰라옹(山本桂翁), 『호레키현래집(宝暦現來集)』〕.

첫 통신사 때부터 통신사의 숙소는 1682년까지는 바쿠로정(馬喰町)의 혼세이지(本誓寺), 1711년 이후부터는 아사쿠사의 히가시혼간지였다. 그사이에 에도성 등성(登城), 1643년 이후에는 시타야(下谷)의 쓰시마번 저택에서의 접대가 있었기 때문에 에도의 민중이 통신사, 즉 조선인을 볼 기회는 다른 도시보다 훨씬 많았을 것이다. 그중에서 본래는 금지되어 있던 통신사 수행원과의 접촉을 엿볼 수 있는 사료도 있다.

니혼바시(日本橋)의 직물점 시라키야(白木屋)에서는 조선과 류큐 사절이 가게 앞을 지나갈 때 구경하러 모인 고객에게 술과 차, 요리를 대접하여 좋은 평판을 얻었다고 「시라키야영대기록장(白木屋永代記録帳)」은 전하고 있다. 또한 가게에 있는 우물에는 1682년의 역관 박재흥이 목면가게 주인의 인격과 성실한 장사를 칭찬한 장문의 비문이 새겨져 있었다고 한다. 하네카와 도에이(羽川藤永)가 그린 「조선통신사내조도」의 구도는 같은 니혼바시이지만 스루가마치의 직물점 에치고야(越後屋), 즉 현재의 미쓰코시백화점(三越百貨店) 본점 앞을 그린 것으로, 같은 정경이 시라키야 앞에도 벌어졌음을 짐작케한다.

통신사가 남긴 것

민중 사이에 남겨진 조선통신사의 기억은 다양한 일상생활의 분야에서 새로운 전개를 보였다. 유형의 것으로는 우선 절과 신사에 봉납되었던 에마(絵馬)[64]가 있다. 오사카부 돈다바야시시(富田林市) 미구쿠루미타마신사(美具久留御魂神社)의 것은 겐로쿠(元祿) 연간의 마을 사람들이 봉납한 유래가 쓰여 있는데, 도치기현(栃木縣)의 만간지, 누마보코신사(沼鉾神社) 등의 것은 어떤 경로로 그곳에 존재하게 되었는지 알려져 있지 않다. 토인형(土人形)이나 장자인형(張子人形) 또 와인형(瓦人形)은 북쪽으로는 멀리 아오모리현(青森縣)으로부터 남쪽으로는 구마모토현 그리고 시코쿠(四国)의 다카마쓰(高松) 등에 광범위하게 현존하고 있으며, 현재에도 토산물이나 가정에서의 장식품으로 제작되고 있는 것이 적지 않다. 토인형 등의 제작은 분카(文化)·분세이(文政), 또는 덴포(天保) 연간에 창업한 곳이 많아 통신사를 실제로 본 마지막 세대 또는 그와 관계없이 시작된 것으로 보인다. 기후현의

64. 말 그림 액자. — 옮긴이 주

'별부세공(別府細工)'이라고 불리는 납형(蠟型) 주물세공 또한 그 예이다.

이른바 무형의 문화재로는 각지의 제례에 도입된 조선통신사 분장이 있다. 그것은 크게 나누면, 조선통신사의 행렬을 제례의 일부분으로 받아들인 것과 다른 하나는 도진오도리(唐人踊り), 도코오도리(唐子踊り) 등의 명칭으로 단독으로 조선통신사 중의 악사나 소동의 행동을 묘사한 것 등 두 종류가 있다.

행렬은 에도에서 덴와 연간 이후, 격년으로 개최되었던 간다묘진마쓰리(神田明神祭)와 산노마쓰리(山王祭)에 등장하는 다시(山車)[65]와 네리모노(練り物)[66]가 낀 행렬처럼 대규모였다. 그 모습은 사이토 겐신(斉藤月岑)의 『동도세사기(東都歳事記)』 중의 그림이나 조선통신사의 행렬로 여겨지는 하네가와 도에이(羽川藤永)의 「조선통신사내조도(朝鮮通信使來朝図)」(고베시립박물관 소장)에서 그 성대한 모습을 볼 수 있다. 지방에서도 이바라키현 쓰치우라시(茨城縣土浦市), 사이타마현 가와고에시(埼玉縣川越市) 그리고 앞에서 본 나고야나 와카야마의 도쇼구 축제, 기후현 오가키시 다케지마정(竹島町)의 것 등은 회화 자료나 제례 풍류의 유품이 남아 있다.

미에현 쓰시(津市)에서는 하치만신사(八幡神社)에서의 도진오도리가 현재도 전해지고 있는데, 그것과는 별개로 「진팔번제례

65. 마쓰리에서 쓰이는 신이 타는 가마. — 옮긴이 주
66. 마쓰리 때에 신을 태운 가마나 거리를 누비는 행렬. — 옮긴이 주

행렬회권(津八幡祭礼行列絵巻)」(뉴욕, 퍼블릭라이브러리)을 보면 같은 마을에서 일부는 통신사의 인물을 남만인풍으로 흉내 낸 상연물이 있었음을 알 수 있다. 그리고 이것들은 간에이 연간의 것이라는 점을 알 수 있다.

그런데 현존하는 것의 상당수는 내용의 일부가 상당히 변형되어 전해지고 있다. 쓰시 북쪽 스즈카시(鈴鹿市)의 것은 더욱더 토착화되어 있고, 민중 속으로 완전하게 편입된 당인(唐人)이 있다. 여기에서 알아 두어야 할 것은 에도의 경우, 1719년 · 1748년 · 1764년의 통신사가 입성할 때는 상인에게는 쓰지오도리금지령(辻踊り禁止令)[67]의 하나로 조선풍 의상 착용을 금지했다. 또 시대의 흐름에 따라 행렬의 의상에 주름이 붙어 있거나 모자가 변형되었거나 수염을 기른 인형이 등장하거나 흰 코끼리를 끄는 등 본래의 통신사 행렬에서 멀어져 간 것이다.

막부의 봉행소에서 금지령을 내린 이유는 민중의 제례를 핑계 삼아 발산하는 에너지와 외국 풍속이 더해지는 것에 어딘지 모르게 불안을 가지고 있었기 때문으로 생각된다. 또 의상, 춤, 음악, 몸짓 등의 변형은 류큐 사절의 행렬, 회화 등에 의한 남만인에 관한 기억, 나가사키 전래의 문화에 보이는 중국풍 문물 등을 혼재시켜 현실에는 존재하지 않는 이국풍 상연물로 만들어진 것으로 여겨진다. 토인형이나 장자인형에 대해서도 마찬가지인데,

67. 유곽지역, 사창가 출입금지령. — 옮긴이 주

그 취향의 일부는 조선통신사의 행렬과 그것을 구경한 경험에 의한 것으로 보아야 할 것이다.

또 하나 도코오도리에 관해서는 오카야마현 세토나이시 우시마도의 통신사가 우시마도에서 소동들이 대무(對舞)를 춘 기록은 없고 그 기원이 명확한 것은 아니지만, 소동의 춤을 받아들였던 것은 거의 확실하다(제4장 사진 참고). 야마구치현 시모노세키시 야스오카정(山口縣下関市安岡町)에서는 비슷한 도코오도리를 기우제에서 추었다고 한다. 또 가나카와현 오이소정(大磯町)이나 교토의 기타노텐신사(北野天神社)에도 도진오도리가 있었다는 기록이 있다. 이것들 전부 전국 각지에서 상당히 보편적으로 나타나며, 조선통신사를 실제로 보지 못했던 시기가 되어도 민중은 실제로 본 적이 없는 행렬과 춤을 이국인의 풍류 · 관습으로서 창조하고, 동시에 어느 정도의 편견을 포함한 이국인 의식을 만들어 간 것이다.

맺음말

다문화공생을 지향하며

조선통신사의 일본 내빙 행사에 관계된 사람들은 위로는 도쿠가와 쇼군으로부터 막부의 각료나 번의 관리들, 중앙 · 지방의 학자들, 승려, 문인과 화가 · 의사 그리고 무명의 조닌(町人)과 농민들까지 각계각층에 넓게 퍼져 있었다. 또 지역은 통신사 영접에 직접 관계된 곳뿐만이 아니었다는 것은 이 책의 각 장에서 설명한 대로이다.

인물의 공적에 관하여 말하자면, 200여 년에 걸친 한일 외교체제의 계기를 만든 도쿠가와 이에야스, 그 전환기를 계획한 도쿠가와 이에미쓰 등 도쿠가와 정권의 최고책임자가 완수한 역할은 가볍게 볼 것이 아니다. 또 소 요시토모(宗義智), 게이테쓰 겐소(景轍玄蘇), 기하쿠 겐보(規伯玄方) 등 쓰시마번 관계자들이 매우 고심하여 생각해 낸 번의 이익을 위한 허허실실의 외교전략 역시 나름 의미가 있었다고 말하지 않을 수 없다.

아라이 하쿠세키(新井白石)와 같이 국가전략적 입장에 서서 대등하고 간소한 외교 원칙을 보다 완전하게 만들려고 했던 시도 또한 주목해야 한다. 그러나 하쿠세키의 경우, 결과적으로 상대방의 불신을 부르고 자기 사고의 결론으로도 "조선이 무엇인가"

라는 적개심만을 남기게 되었다. 이런 관점으로는 순치거보의 관계에 있는 두 나라, 두 민족이 관계를 맺는 방법에 대한 교훈은 생길 수 없다.

조선통신사의 왕래를 축으로 한 전근대 외교로부터 배우려고 할 때에는 역시 아메노모리 호슈의 행동원리나 사상이 빛을 발한다. 후쿠오카번의 유학자였던 가이바라 에키겐(貝原益軒)은 그 일에 먼저 착수한 한 사람이었는데, 그 활동의 장과 교류의 기회는 적었다. 단지 에키겐이 호슈보다 먼저 도요토미 히데요시의 조선 침략을 '교병(驕兵), 탐병(貪兵), 분병(忿兵)'이라고 말했던 것을 기억에 남겨 두자〔유성룡, 『징비록(懲毖錄)』 서문〕. 호슈 또한 출병을 '명분 없는 전쟁'이라 부르면서 분명하게 비판하고 있으나, 임진왜란에 대한 확실한 인식을 가지지 못한 학자나 사상가는 그후 조선통신사에 대한 견해가 모호해져 일본의 입장에서만 조선을 바라본 사람이 많다.

한편 호슈는 제3장에서 설명한 것처럼 쓰시마번의 조선어용방좌역(朝鮮御用方佐役)으로서, 또 통신사를 맞이할 때는 진문역(眞文役)으로서 활동했고, 번을 대표하여 조선 측과 무역 문제를 교섭할 때는 재판역(裁判役)으로 관여했다. 아메노모리 호슈는 그 임무 수행을 통해 나름대로 조선에 대한 인식에 깊이를 더했다. 물론 주자학 학자로서 학식과 나가사키에서의 중국어 학습 경험도 사고력을 풍요롭게 하는 데 도움이 된 것이 틀림없다.

그의 첫 번째 행동원리는 상대방을 가능한 한 올바르게 인식한다는 것이다. “대개 조선이 약하고 어리석다고는 말할 수 없습니다”〔『치요관견(治要管見)』〕라고 말하고, “조선에 한해, 예의가 만국에서 뛰어나다고 할 것도 없습니다”〔『조선풍속고(朝鮮風俗考)』〕라고도 말한다. 그리고 있는 그대로 조선과 조선인을 인식해야 한다고 했다. 예전과 같이 무력을 휘두르는 일 없이 쓰시마가 놓인 어려운 현실에 따라 냉정하게 대응할 것을 요구했다. 문화 · 풍습의 차이에 대해서는, 통신사에게 닛코와 대불(大佛)을 과시하더라도 조선인에게는 유용한 재산을 사용했을 뿐인 비웃음의 대상으로 보인다. 그것보다 통신사는 일본의 가로수와 야행에 편리한 등롱(提燈)이나 밀랍초(蠟燭)에 감탄한 것은 아닐까. 또 조선 배의 훌륭한 구조는 일본이 보고 배워야 할 기술이 아닐까. 요컨대 일본인에게는 일본의 술이, 조선인에게는 조선의 술이, 중국인에게는 중국의 술이, 오란다〔네덜란드〕에게는 오란다의 술이 맞기 때문에 자국의 문화를 기준으로 타국 · 타민족의 문화를 이것저것 비판하는 것은 좋지 않다고 단언했다. 이것들은 동시대의 일본 지식인에게 보이지 않는 호슈의 독특한 사상이며, 문화상대주의〔가미가이토 겐이치(上垣外憲一), 『아메노모리 호슈(雨森芳洲)』〕 혹은 요즘 말로 바꾸면 다문화공생론일 것이다.

그는 이와 같은 사상을 서재 안에서 이끌어 낸 것이 아니라 대략 23년에 걸친 조선어용방좌역과 진문역의 실적을 통하여 자신의 교훈으로서 배운 것이다. 아메노모리 호슈는 이런 생각을 『교린제성(交隣提醒)』에 담아 번주에게 제출했다. 호슈가 61세 때 일이다

성신의 교제

『교린제성』에서 호슈는 또 한 가지 중요한 것을 설명하고 있다. 그것은 이미 잘 알려진 '성신(誠信)의 교제'라는 말이다. 앞에서도 언급했지만, 이 말에는 "실의(實意)라고 함에 있어 서로 속이지 않고, 싸우지 않고, 진실을 가지고 교제하는 것을 성신이라고 한다"라는 설명이 붙어 있다. 이는 당시 쓰시마 사람들이, 막부가 공식적으로 이용하고 있는 '성신'이라는 말을 알면서도 조선의 관리나 상인과 논쟁을 벌일 때 쓸모없는 기만이나 싸움을 반복하고 있음에 대한 경고이다.

나아가 아메노모리 호슈는 이런 말을 했다. 이와 같은 사태를 낳은 것은 쓰시마가 부산 동래부에서 조선 국왕에게 조공의 예를 행한 대가로 매년 쌀과 콩을 받고, 번주와 가로들이 수많은 무역선의 특권을 얻고 나서부터라고 했다. 상대방도 그것을 알고 있기 때문에 무의미한 싸움이 되며, 이와 같은 특권은 일단 반환하는 것이 바람직하지만 당장은 불가능할 테니 관례는 그대로 두고 "실의를 취하고 잃는 건 없게" 해야 한다고 했다. 이 무렵 쓰시마번의 재정은 은화의 품질 저하, 수출 자본인 은과 동의 부족 등으로 '소라 껍데기'같이 앞날을 내다볼 수 없게 되고 있었다. 이와 같이 번이 궁핍한 상황에서 대외교섭의 기본원칙으로 잊으면 안 되는 것이 실의, 즉 성신이라는 것이다. 『교린제성』은 번주나 후배 번사들에게 하는 제언으로, 호슈의 유언으로 계승되었다.

호슈의 세 번째 공적은 조선어 교육의 실천이다. 그는 부산에 가서 조선어 습득에 힘을 썼는데, 그 성과가 『교린수지(交隣須知)』나 『전일동인(全一同人)』 등과 같은 책의 발간이다. 또 번주를 설득하여 조선어 통역 양성소인 한어사(韓語詞)를 개설했다. 그 때까지 부산에 건너간 쓰시마의 관리나 상인은 손짓으로 응대하며 용무를 보았다. 그러나 그것으로는 실의가 통하기 힘들어 뜬소문이 자꾸 생겨 서로의 이해를 방해했다. 아메노모리 호슈는 "조선통사는 교린에 부합하는 절대로 필요한 일"이라면서, 쓰시마 내의 조닌의 아이들 십여 명을 연수생으로 받아 선생을 붙여서 3년간 가르치기로 했다. 그리고 그 아이들을 계고통사(稽古通詞)에 등용하여 정규 통사로 임용해 갔다. 조선이 일찍부터 왜학에 열심이어서 일본어 교육을 중시해 온 것에 비해, 겨우 뒤를 쫓아 통역관 양성이 가능해진 것이다. 그 결과 오다 이쿠고로(小田幾五郎)를 비롯하여 뛰어난 후진을 배출하기에 이른다. 역시 쓰시마에서 호슈와 동년배이자 동문이었던 마쓰우라 가쇼(松浦霞沼, 1678~1728)의 역할도 컸다. 신유한은 『해유록(海遊錄)』에 그의 시문은 이미 잘 알려져 있다고 기술했다.

통신사 왕래의 종언

아메노모리 호슈가 두 번째 진문역을 맡은 1719년 이후 에도에의 통신사 내빙은 1748년, 1764년에 걸쳐 두 번 실행되었다. 그렇지만 18세기에 들어와 도쿠가와 막부체제는 구조적 모순으로 고민하게 된다. 당시 "쌀값은 싸지만 물가가 비싸다"라는 말에 나타나듯이, 전국 각지의 각 번에서 상품 생산이 활발해지고 소비생활은 다채로워졌으나 상대적으로 쌀값이 낮아 막부도 각 번도 재정이 곤궁해져 갔다. 8대 쇼군 요시무네(吉宗)는 교호개혁(享保改革)으로 그러한 상황을 절약과 국산품 장려로 돌파하려고 했으나, 근본적인 모순은 해결되지 않았다. 또 1732년 1782~1783년과 같은 대기근과 그에 동반한 농민 · 도시빈민의 대규모 봉기, 폭동 등의 소란이 발생하여 농촌 · 도시 할 것 없이 사회 불안의 공기가 전국을 뒤덮었다. 이와 같은 상황 속에서 조선통신사 내빙의 재검토가 제기되었다.

쓰시마에서의 최초의 제안자는 아메노모리 호슈였다. 그가 1753년〔호레키(宝暦) 3〕 5월 8일자로 쓰시마 번주 소 요시아리(宗義蕃)에게 제출한, "통신사를 중지하여야 한다는데 이것을 심사숙고 해주셨으면 하는 마음"라는 문서가 그것이다. 그것은 "대규모 사절단의 왕래가 쇼군의 비용은 말할 것도 없다", "곳곳의 다이묘들의 노고가 이만저만이 아니다", "통신사 내빙은 일본내에 많은 부분에서 무익한 일이다"라고 말들을 하고 있으며, 쓰시마번은 조선과의 무역에 의해 군비를 정비하고 가신들을 거느리며 통신사를 자력으로 호행했지만 조선 무역은 갈수록 어려워져 막부로부터 받는 대부금으로 겨우 버티고 있다. 이 때문에 번에서는 쇼군에게 보낸, "통신사를 그만두게 하는 것이 일본에 영구적으로 좋은 계책이다"라는 내용의 문서가 있다고 듣기에 이르렀다. 그에 대해 쇼군으로부터 질문이 있으면 "인호는 유지하되 신사를 에도까지 오지 않게 하시는 것"이 좋다. 다만 상대방(조선)은 전례를 중시하는 나라이므로 통신사에 대해서는 저쪽에서 의논해 올 때 그처럼 대답하면 된다〔아메노모리 호슈 문고자료 37(雨森芳洲文庫資料三十七)〕.

즉 이 시점에서 쓰시마번 내부에서 통신사를 재조명하자는 의견이 나왔으며, 호슈는 찬성하면서도 인호는 계속하되 왕래 경비의 절감을 위해 빙례는 에도에서 하지 말고 중간 어딘가에서 하자는 의견이었다. 실은 통신사래빙행사를 쓰시마번에서 행한다는 안은 아라이 하쿠세키의 『조선빙사후의(朝鮮聘使後議)』에서 이미 논하고 있는 것이었다. 그렇지만 하쿠세키의 실각에 의해 그 의견은 고려되지 않고 그후 두 번에 걸쳐 에도 빙례가 거행되었다. 호슈와 달리 하쿠세키의 의견은, 양국의 경계인 쓰시마에 접객을 담당할 지위가 높은 인물을 막부에서 파견하면 대등의 원칙을 관철할 수 있다는 내용이었다. 그것은 호슈가 말한 인호를 계속한다는 의식과는 거리가 멀었다. 왜냐하면 하쿠세키는 "예맥은 동방의 오랑캐 땅, 즉 지금의 조선 땅"이라고 생각했기 때문이다.

1811년(분카 8) 쓰시마에서 통신사 내빙이 실현되기까지 한때 연기론을 주장한 노중 마쓰다이라 사다노부(松平定信)의 경우는 다음과 같다. 그는 자서전인 『우하인언(宇下人言)』에서 "원래 빙사가 이 나라에 오는 것을 아름다운 일이라고 할 것까지는 전혀 없다. 일본의 부패한 유학자들이 모두 가서 조선인과 창화하며 자랑스럽게 생각하고, 또 길에서 환영하는 것도 이익이 되는 일이 아니다", "하물며 순시청도(巡視靑道)의 깃발을 내세우는 것이나 상상관이라 부르는 통사는 미천한 신분이다"라고 했다. 그러므로 막대한 비용을 쓰면서까지 에도에서 빙례하는 것에 구애되지 않아도 좋다고 주장했다.

이후 11대 쇼군 이에나리(家齊)의 습직을 축하하기 위해 내빙한 통신사는 습직한 지 24년이 지나 실현되었다. 앞에서 설명한 일본 국내 사정 때문에 일본 측이 연기를 요구한 데다가 쓰시마에서의 빙례를 제의한 것에 조선이 불신을 품어 교섭이 지연된 것, 더욱이 쓰시마 사람과 조선 관리 사이에 밀무역이 발각된 것 등이 그 이유였다. 이 쓰시마에서의 빙례를 '역지빙례(易地聘禮)'라고 하는데, 결과적으로 통신사의 규모는 3분의 1로 축소되었다. 그러나 에도로부터 쇼군을 대신하여 정 · 부사와 하야시 대학두 등이 쓰시마까지 대행렬을 조직하여 갔기 때문에 경비는 예상한 것 이상으로 들었다. 다만 쓰시마에는 빙례거행을 위해 '조카마치(城下町)의 대대적인 복구'라는 명목으로 약 12만 냥이라는 대금이 투입되었다. 쓰시마번은 이때 조선 무역의 쇠퇴 때문에 "재정이 부족하다"고 하여 막부에 하사금과 무상의 대부금을 청구하는 것이 일상화되었다. 그렇지만 통신사 특수에 의해서도 번의 재정은 근본적으로 개선되지 않았고, 만성적인 재정 위기가 계속되었다. 이 일은 뒤에 대조선 외교에 어두운 그림자를 야기하는 요인 중 하나가 된다.

18세기 후반에 들어서 통신사 내빙 행사를 둘러싸고 새로운 문제가 발생하며 또 하나의 그림자가 드리워졌다. 1764년〔호레키 14 · 메이와(明和) 원년〕에 정사 조 엄이 에도성에서 국서 전달 의식 때의 사배례를 새삼스레 문제로 삼았다. 또 당시 조선에서는 금주령이 내려져 있었기 때문에 헌배 응수를 빈 잔으로 했는데 이를 모른 척했다고 감회를 말했으며, 천황의 존재를 새롭게 인식하여 도쿠가와 쇼군과의 대등한 의식은 그만두어야 하는 게 아닌가라고 『해사일기(海槎日記)』에 기록했다. 일본 측에서는 그때까지 '국서'라고 부르던 조선 국왕으로부터의 서한을 '서간'으로 수정하려는 움직임이 있었다. 장기간 지속해 온 관행을 쌍방 모두에서 재조정하고자 하는 움직임이 있었던 것이다. 양측에 소중화의식이 있었던 점이 그 배경이라는 이케우치 사토시(池內敏)의 지적은 정곡을 찌르고 있다〔『대군 외교와 「무위」(大君外交と「武威」)』〕. 그러나 이러한 이유 때문에 쓰시마에서의 역지빙례가 계획된 것이 아니라 경비 절감이 가장 중요한 사안이어서 사전 실행 세목에서 쓰시마 빙례는 에도성과 동격으로 간주되어 그렇게 실행되었다.

이후 12대 쇼군 이에요시(家慶)의 빙례는 당초 쓰시마에서 하려고 결정했으나, 덴포개혁(天保改革)[68]을 이행하려고 한 노중 미

68. 막부의 노중 미즈노 다다쿠니가 봉건적인 농업사회를 복원하기 위해 1841~1843년 사이에 실시한 개혁. — 옮긴이 주

즈노 다다쿠니(水野忠邦)의 제안으로 쓰시마에서의 빙례는 예에 지나치게 어긋나고 경비 절감의 효과도 그다지 기대할 수 없으니 오사카에서 거행하자는 제안이 나왔다. 하지만 이것은 다다쿠니의 실각으로 빛을 보지 못했다. 그 뒤 다시 1850년〔가에이(嘉永) 3〕에 실시하기로 합의했다. 그러나 에도성 니시노마루(西の丸) 화재로 인해 재차 5년 후로 연기했는데, 이에요시가 병사하여 중지되었다. 다음 13대 이에사다(家定)의 경우는 1866년〔게이오(慶応) 2〕에 쓰시마에서 실시하기로 결정되었으나, 그것을 기다리지 못하고 이에사다가 병사했기 때문에 또다시 중지되었다. 그 뒤 기슈가(紀州家)에서 맞아들인 14대 이에모치(家茂)의 경우는 최종적으로 1866년에 10년 후인 1876년 쓰시마에서 빙례를 행한다는 합의가 이루어졌다. 그러나 메이지유신에 의해 통신사의 모습을 일본 국내에서 보는 일은 불가능했다. 앞에서 보았듯이 조선과 일본 양측에서 통신사 파견 또는 초빙에 대해 합의가 이루어지고 있었던 것에 주목할 필요가 있고, 쓰시마 번주는 조선 왕가의 경조사가 있을 때 사자를 부산에 파견하여 그 뜻을 밝혔다.

그렇게 본다면 조선통신사는 1811년(분카 8) 이래 중지된 것이 아니라 막말까지 쌍방의 합의하에 지속할 계획과 의향이 존재했음을 알 수 있다.

메이지유신과 정한론

여기서 관점을 바꾸어 이 시기의 일본을 둘러싼 국제 정세를 살펴보자. 1792년〔간세이(寬政) 4〕에 러시아 아담 락스만(Adam Laxman)이 통상을 요구하며 네무로(根室)에 내항했고, 1808년(분카 5)에 영국함 패튼호가 나가사키에 입항한 사건을 시작으로 급속하게 구미 함선의 일본 근해 접근이 이어졌다는 것은 이미 알고 있는 사실이다. 그 때문에 막부는 외국과의 접점이던 지역(번)에서 취해 오던 지금까지의 정책을 수정할 필요가 생겨났다. 1799년에 막부는 에조치(蝦夷地 : 홋카이도)를 마쓰마에번(松前藩)의 지배에서 막부 직할로 바꾸었다. 기무라 나오야(木村直也)가 말한 '이역의 내국화'이다〔「이국과 이역의 해체(異國と異域の解體)」〕. 류큐에 대해서는 시기는 조금 늦어졌지만, 미국의 페리가 일본에 개국조약을 체결시키기에 앞서 나하(那覇)에 기항하여 류큐와 미·류조약을 체결했다. 나가사키의 경우, 러시아의 레자노프(Nikolai Petrovich Rezanov)의 회항과 패튼호 사건[69]에 의해 중국·오란다 이외의 입항 거부가 더 이상 통하지 않게 되었다. 쓰시마에서는 1859년 영국 악티온호의 내도(來島), 1861년 러시아 군함 포사드닉크호 발포사건이 있었다.

이들 유럽 세력의 입항과 통상·개국 요구에 막부가 제시한 것은 '쇄국은 신조(神祖)인 이에야스 이래의 조법(祖法)'이라는

69. 1808년 10월에 영국 군함 패튼호가 나가사키항 데지마(出島)에 진입하여 식료를 요구한 사건. — 옮긴이 주

것이었다. 그것은 개국을 추진하는 오란다 국왕의 국서에 대하여 1845년〔고카(弘化) 2〕 노중이 보낸 답장에, "통신은 조선과 류큐에 한하고 통상은 귀국과 중국에 한한다"라고 기록된 내용이다. 이 대외원칙은 결과적으로 존황양이파의 금과옥조로 최대한 이용되었다. 그리고 개쇄지론(開鎖之論)이 정국을 뒤흔들어 갔다. 그러나 존양파가 통신의 의의를 이해했다고는 생각할 수 없다. '쇄국'이라는 용어는 고메이(孝明)천황의 '개국은 황조황종(皇朝皇宗)의 치욕'이라는 관념과 함께 이 시기에 비로소 일정한 외교방침을 체현한 것으로 등장했다.

쓰시마의 경우, 밖(조선)와 안(번)을 포함하여 또 하나의 의도가 이 시기에 등장한다. 앞에서 보았던 것처럼 조선 무역이 몹시 어려운 상태에 빠져 들고 통신사의 왕래를 조정에서 연기를 거듭하는 상황이 계속되어서 쓰시마번의 재정 상태는 파탄에 임박해 있었다. 그때까지 쓰시마번은 조선 무역은 지행(知行), 통신사의 영접 · 호행은 가역(家役)으로 수행한 것에 대한 보상으로 막부에 하사금과 대부금을 요구해 왔다. 그런데 그 실행이 순조롭지 않은 와중에 쓰시마번을 구제한다는 구실로 정한론(征韓論)이 나타난 것이다. 1863년〔분큐(文久) 3〕 5월, 쓰시마번에서 막부에 제출한 「건백서(建白書)」는 쓰시마번의 오시마 도모노조(大島友之允)가 노중 이타쿠라 가쓰키요(板倉勝靜)와 가깝던 히젠번(肥前藩)의 유학자 야마다 호코쿠(山田方谷) 등의 도움을 받아 작성한 것이었다. 외이가 조선에 진출하고 있다는 풍문이 있고 조선과는 오랜 신의가 있으므로 원조를 위해 나아가 "외이의 근거지를 무너뜨리고 때에 따라 군사로써 복종시켜야 할 것"이라고 했다. 이 「건백서」의 심의에 대해서는 군함봉행이었던 가쓰 가이슈(勝海舟)도 한 장을 덧붙였는데, 가이슈의 경우는 동 시기에 일본·조선·중국 삼국의 삼국합종연형론(三國合從連衡論)을 설명하고 있어 단순한 정한론자와 동일시할 수 없다. 또 「건백서」에는 구체적인 군사전략이 있는 것은 아니었으나, 어쨌든 이 「건백서」 덕분에 쓰시마번은 비축미 300석을 얻었다. 그후에도 오시마 도모노조는 같은 취지로 쓰시마번의 구제를 간청했다. 게이오(慶応, 1865~1868)에 들어서 조선에서 프랑스 군함에 이어 미국 군함의 침입 사건의 보고가 있었다. 그것을 막부는 양국 공사의 이해를 얻어 막부에서 사절단을 조선에 파견하여 조정에 임한다는 계획을 세웠다. 그러나 이 건은 출발 직전 왕정복고의 쿠데타로 인해 중지되었다. 막부가 쓰시마번을 제치고 직접 조선과의 외교관계에 착수하려고 했던 것을 알 수 있다.

이후 무력으로 막부를 타도하는 노선을 강행한 사쓰마(薩摩)와 나가토(長門)가 주체가 된 새로운 정권은 천황을 이용하는 전술을 취했다. 또 「5개조의 서약문」을 내세워 만세일계(萬世一系)의 황통을 계승한 이념을 분명히 했다.

그리고 모든 외국에게 새로운 정부의 승인을 요구했다. 상대가 구미제국인 경우는 문제가 되지 않았다. 그러나 문제는 동아시아 한자문화권에 있어, 도쿠가와 정권을 국왕 또는 대군으로서 호각의 상대로 간주해 온 조선으로서는 정권 주체의 교체 자체가 조선의 입장을 손상시키는 것이 아닌가 하는 문제에 직결했다. 조선 정권은 도쿠가와 정권의 최고 권력자인 쇼군과의 대등항례를 원칙으로 삼아 외교의례를 교환해 온 것이었는데, 천황의 칭호와 칙을 갖기 시작하면 그 원칙이 붕괴되어 버리는 것이다. 메이지 정부의 수뇌들은 그것에 지나치게 무신경했다. 조선과 유일대등의 외교관계를 유지해온 전 정권을 대신하여 새 정권의 승인과 외교의 지속에 대해 진지하게 검토한 흔적을 찾아볼 수 없다. 그 결과 수년에 걸친 서간 교환을 거부하는 단교 상태를 초래했고, 조선 측이 쓰시마번에 무상으로 제공하던 부산 왜관을 일본 외무성이 일방적으로 접수하여 일본 공관으로 삼았으며, 쓰시마번 이외의 상인도 부산 도항을 허가한다는 강경책을 잇달아 추진했다. 그리고 조선 측이 원칙적 입장을 바꾸지 않을 것이라는 사실을 알자마자 조선응징론을 부추긴 정한론을 내세웠다. 1873년에 일어난 '메이지 6년의 정변'이란 이 같은 외무성의 무력행사론과 사이고 다카모리(西鄉隆盛) 등의 비무장사절 즉시 파견론의 대립이다. 이 논의에 대해서는 사이고의 대외 자세의 속뜻을 추측하기보다는 막말부터 불씨가 남아 있던 정한론이 새 정부 안에서 어떻게 받아들여졌는가, 2년 후 일어난 강화도사건은 '메이지 6년의 정변'과 어떻게 연결되었는가 하는 점을 해명할 필요가 있다.

조선통신사의 의의

일찍이 아사오 나오히로(朝尾直弘)는 근세사를 말할 때, 동아시아 국가들과의 관계를 경시해 온 그때까지의 학계 동향을 비판하고 근세일본의 모습을 재검토하는 과제를 제기했다〔「근세 정치와 경제(近世の政治と經濟)」(1), 『일본사연구입문(日本史研究入門)』 III〕. 조선통신사가 왕래한 200년간은 동아시아 지역, 특히 일본 · 조선 · 중국의 관계가 상대적으로 장기간에 걸쳐 안정된 시기였다. 그것은 몇 가지 부정합을 남기면서도 평화 · 부전(不戰)의 루트이며, 자국 · 자민족 중심주의의 소중화의식과 논쟁하면서 서로의 자타의식을 극복해 온 과정이기도 했다. 또 그 가교는 중국대륙에도 걸치고 류큐 · 아이누의 접점마저 포함하여 동아시아 교류의 기축을 이루어 왔다. 바로 여기에 조선통신사의 훌륭함이 있다.

후기

이 책을 간행한 2007년은 에도 시대에 조선에서 최초의 공식 사절이 일본을 방문한 400년이 되는 해였다. 자세히 말하면 본론에 서술한 것처럼 조선 측에서는 이 사절 이후 제2회 사절은 회답겸쇄환사로 불렸고 왜정탐사를 하나의 사명으로 가졌다. 명실공히 '통신사'라는 명칭이 쓰인 것은 제4회부터이다. 도요토미 히데요시가 일으킨 침략전쟁의 깊은 상처가 조선으로 하여금 이런 엄격한 자세를 취하게 만든 것이다.

그래도 1607년을 기점으로 동북아시아의 전쟁은 일단 종지부를 찍고, 일본과 조선 사이에는 오래도록 평화가 되살아나서 안정으로 향했다. 도쿠가와 정권은 동아시아의 새로운 외교질서를 노림과 동시에 통신사의 내빙을 전국의 다이묘를 동원하여 거국적 행사로 만들었다. 그것은 한편으로는 도쿠가와 정권의 국내 정책인 무위를 위아래에 널리 알리려는 목적을 가지고 있었던 것이다.

그러나 지식인과 민중은 다시없는 이 기회에 이국 문화와 접촉하여 선진성을 배우고, 통신사의 견문으로 얻은 문화정보를 민간 도구나 제례 등 곳곳에 도입했다. 일반적으로 쇄국적인 상황은 아니었다.

최근 들어 이윽고 에도 시대의 대외관계, 특히 조선통신사 연구가 본격화되기 시작했다. 외교사 분야만이 아니라 막부정치사 그리고 지역사 안에서도 조선통신사를 설정하고자 하는 연구가 진척되기 시작했다.

또 유학사상사, 미술사, 민속, 의학, 문학 · 시문 등의 분야에 통신사가 미친 영향에 관한 연구도 시작되고 있다. 향응요리와 복식, 제례, 민속 등의 사료 발굴과 연구에 손길이 뻗치고 있다. 게다가 조선 문화의 수용만이 아니라 에도 시대 문화의 여러 정보와 성과가 조선에 전해지고, 나아가 중국에도 이르렀음을 살펴보았다. 조선통신사의 내빙은 이와 같은 문화교류, 정보 전달의 루트였다.

이 책은 이와 같은 최근의 여러 새로운 사료 발굴과 문헌사료, 회화사료, 민속사료 등을 주로 한 연구의 성과를 배우면서 2007년이라는 시점에서의 조선통신사 연구의 레벨을 기본으로 하여 나의 지식에 한정했지만, 보다 많은 사람이 조선통신사를 이해하는 것에 재미를 느낄 수 있게 서술한 것이다.

또 지역사료 등은 지금까지의 나의 저작에서 이미 인용한 사례와 다른 새로운 사례를 취하려고 노력했다. 지면 관계상 본래

라면 채택했을 가부키와 문학에의 영향 등은 할애할 수 없었다. 그리고 연구자 사이에서 논점이 된 것은 각논점을 가능한 한 소개하려고 노력했다.

통신사 일행이 남긴 족적과 교류의 실상이 아직도 일본 각지에 파묻혀 있다. 메이지유신 이후 근대일본에서는 조선과 조선인에 대한 편견과 멸시의 감정이 높아 학교 교육에서도 전 시대에 있던 조선과의 풍부한 교류에 대해 의도적으로 전부 제거해 버렸기 때문이다.

대외관계 연구자들 역시 조선이나 중국과의 교류에 가지는 관심은 매우 희박했다고 말할 수 있다. 제2차 세계대전이 끝나고 일본국 헌법에는 학문과 사상의 자유가 인정되고 있는데도 그 대세는 변화하지 않았다. 젊은 시절 나 자신의 지적인 관심 또한 그러했다.

최근에 또다시 조선이나 중국에 대한 오해와 편견 그리고 일본과 일본 문화 우월의식이 권력과 정보 조작에 의해 널리 퍼지기 시작했다. 이 같은 시대야말로 200년에 걸쳐 지속되어 온 '성신' '교린' 관계의 실상을 알고, 그것에서 교훈을 얻는 일의 의미는 적지 않을 것이다. 이 책이 이일에 조금이나마 도움을 줄 수 있다면 행복할 것이다.

끝으로 이 책의 집필을 권해 준 이와나미서점 신서편집부 히라다 겐이치 씨의 노고에 마음으로부터 감사를 밝혀 두고 싶다. 또 일본과 한국에서 많은 분이 역량이 모자란 나를 지지하고 격

려해 주신 일도 다시 한 번 감사를 올린다.

나카오 히로시

연표

연대	일본 · 조선과 일본 관계	조선 · 중국
1592(분로쿠 원년)	임진왜란	일본군에 의한 방화 · 파괴 · 약탈이 대규모로 일어남
1597(게이초 2)	정유재란	코 베기 · 납치연행이 자행됨
1598(게이초 3)	도요토미 히데요시 사망 일본군 철수	명군, 조선에서 철군. 대일강화는 조선에 일임
1600(게이초 5)	세키가하라전투, 동군 승리	소 씨, 도쿠가와 이에야스에 복종
1603(게이초 8)	도쿠가와 이에야스, 세이이타이쇼군에 임명	쓰시마에서 본격적으로 피로인 송환
1605(게이초 10)	후시미성에서 이에야스와 송운 대사 회견 이에야스, 재침략 부정	피로인 약 1,300명 송환
1607(게이초 12)	제1차 회답겸쇄환사 방일 에도성에서 히데요시와 국서 교환, 빙례 돌아가는 길에 슨푸에서 이에야스와 회견	정사 여우길
1609(게이초 14)	쓰시마와 조선 사이에 기유약조 조인, 왜관무역 재개	
1615(겐와 원년)	무가제법도 제정	
1617(겐와 3)	후시미성에서 제2차 회답겸쇄환사, 히데요시 회견 대불 앞 연회에 초대	정사 오윤겸
1624(간에이 원년)	제3차 회답겸쇄환사, 이에미쓰 습직 축하	정사 정 립 피로인 귀국 격감
1627(간에이 4)	소 요시나리 조선의 호란을 막부에 보고	정묘호란, 여진족 침입
1635(간에이 12)	야나가와잇켄 재판 종료 무가제법도 개정, 참근교대 제도 확립	일본의 요구로 마상재 파견

1636(간에이 13)	통신사, 에도성 빙례, 신체제 확인 닛코 유람	후금(여진족) 재침입, 신하의 예를 강요 정사 임 광
1643(간에이 20)	통신사, 세자 탄생을 축하 빙례 닛코 참배	정사 윤순지
1655 (메이레키 원년)	통신사, 이에쓰나 습직 축하 닛코 참배	정사 조 형
1680(엔포 8)	나가사키에서 기독교도 처형	왜관 이전 · 확충, 10만 평 규모
1682(덴와 2)	통신사, 쓰나요시 습직 축하	정사 윤지완
1683(덴와 3)		명 멸망 청 왕조, 중국 전토를 지배
1711(쇼토쿠 원년)	통신사, 이에노부 습직 축하 아라이 하쿠세키의 빙례개혁	정사 조태억
1719(교호 4)	통신사, 요시무네 습직 축하 이후 난학 해금, 고려인삼 국산화에 성공	정사 홍치중
1748(엔쿄 5)	통신사, 이에시게 습직 축하	정사 홍계희
1764(호레키 14)	통신사, 이에하루 습직 축하	정사 조 엄. 감자가 일본에서 전래. 기독교 박해
1800(간세이 12)	이노 다다타카, 전국지도 제작을 명받음	
1811(분카 8)	쓰시마에서 통신사 빙례 행사 최후의 통신사가 됨	정사 김이교
1840(덴포 11)	미즈노 다다쿠니, 오사카 빙례를 계획 미즈노의 실각에 의해 좌절	
1864(겐지 원년)	14대 장군 이에시게의 습직 축하 초빙을 10년 후에 제안 체결 후 연기, 1677년 거행을 결정했으나 되지 못함	

참고문헌(간행 연도순)

申維翰(姜在彦譯注),『海游錄』, 平凡社, 1974.

田代和生,『書き替えられた國書』, 中央公論社, 1982.

三宅英利,『近世日朝關係史の研究』文獻出版, 1986

荒野泰典,『近世日本と東アジア』, 東京大學出版會, 1988.

上垣外憲一,『雨森芳洲』, 中央公論社, 1989.

ロナルド・トビ(速水融・水積洋子・川勝平太譯),『近世日本の國家形成と外交』, 創文社, 1990.

李進熙,『江戸時代の朝鮮通信使』, 講談社, 1992.

辛基秀・仲尾宏責任編集,『善隣と友好の記錄・大系 朝鮮通信』(全八巻), 明石書店, 1993~1996.

泉澄一,『対馬藩藩儒雨森芳洲基礎的研究』, 關西大學出版部, 1997.

仲尾宏,『朝鮮通信使と德川幕府』明石書店, 1997.

李元植,『朝鮮通信使の研究』, 思文閣出版, 1997.

孫承喆(鈴木信昭監譯/山里澄江・梅村雅英譯),『近世の朝鮮と日本-交隣關係の虛と實』, 明石書店, 1998.

金仁謙(高島淑郎譯注),『日東壯遊歌-ハングルでつづる朝鮮通信使の記憶』, 平凡社, 1999.

田代和生,『江戸時代の朝鮮藥材調査の研究』, 慶應義塾大學出版會, 1999.

永留久惠,『雨森芳洲』, 西日本新聞社, 1999.

辛基秀・仲尾宏(編著),『圖說 朝鮮通信使の旅』, 明石書店, 2000.

仲尾宏,『朝鮮通信使と壬辰倭亂-日韓關係史論』, 明石書店, 2000.

上田正昭・辛基秀・仲尾宏,『朝鮮通信使とその時代』, 明石書店, 2001.

河宇鳳(井上厚史譯・解說),『朝鮮實學者の見た近世日本』, ペリカン社, 2001.
倉地克直,『近世日本人は朝鮮をどうみていたか-「鎖國」のなかの「異人」たち』, 角川書店, 2001.
仲尾宏,『朝鮮通信使－江戸日本への善隣使節』, 日本放送出版協會, 2001.
姜在彦,『朝鮮通信使がみた日本』, 明石書店, 2002.
榊原悟,『美の架け橋－異國に遺わされた屏風たち』, ペリカン社, 2002.
辛基秀,『朝鮮通信使の旅日記-ソウルから江戸「誠信の道」を訪ねて』, php研究所, 2002.
田代和生,『倭館-鎖國時代の日本人町』, 文藝春秋, 2002.
仲尾宏・曺永祿(編),『朝鮮義僧將・松雲大師と德川家康』, 明石書店, 2002.
尹達世,『四百年の長い道－朝鮮出兵の痕跡を訪ねて』, リーブル出版, 2003.
池內敏,『大君外交と「武威」-近世日本の國際秩序と朝鮮觀』 名古屋大學出版會, 2006.
鶴田啓,『対馬からみた日韓關係』, 山川出版社, 2006.
鄭章植,『使行錄に見る朝鮮通信使の日本觀-江戸時代の日朝關係』, 明石書店, 2006.
仲尾宏,『朝鮮通信使をよみなおす-「鎖國」史觀を越えて』, 明石書店, 2006.

조선통신사 행로도〔1936년(간에이 13)〕

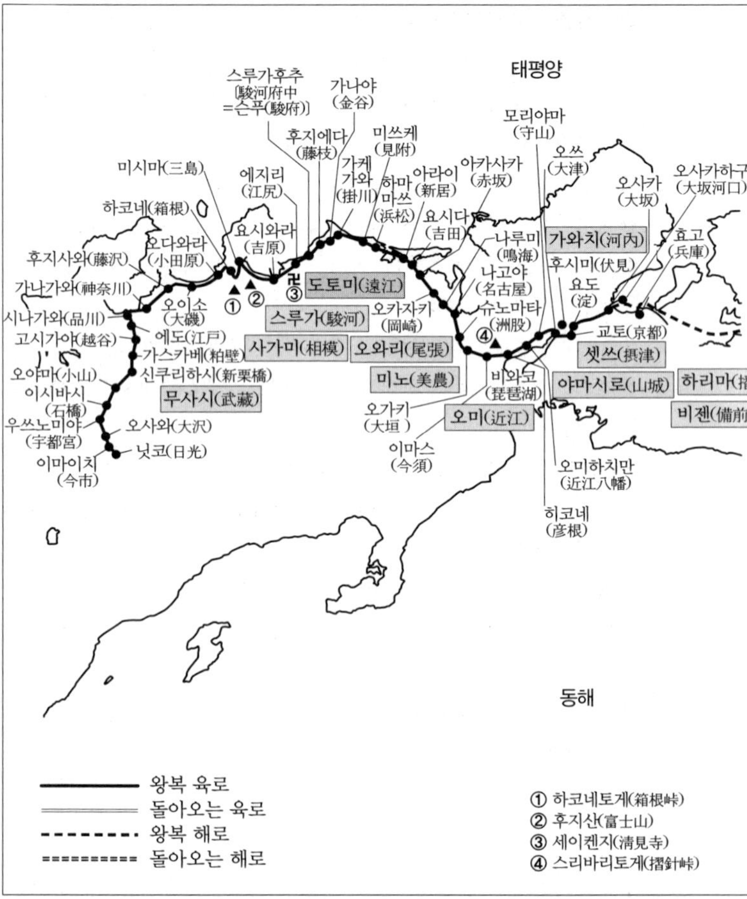

『선린과 우호의 기록 · 대계조선통신사(善隣と友好の記録 · 大系朝鮮通信使)』 제2권〔아카시서점(明石書店), 1996〕 게재도에 근거하여 작성.

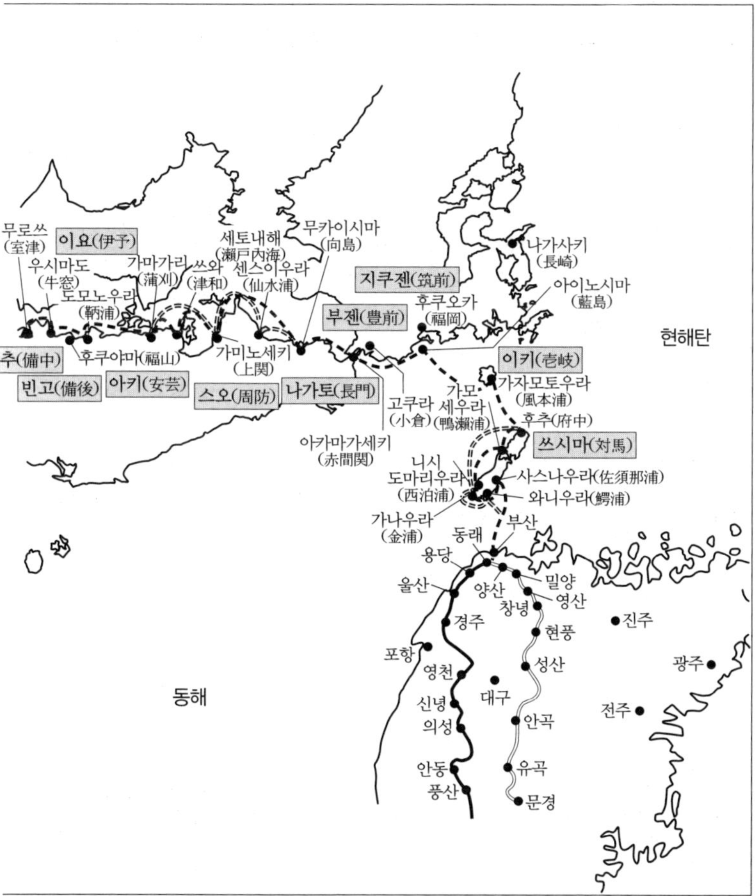
무로쓰(室津)
이요(伊予)
우시마도(牛窓)
도모노우라(鞆浦)
가마가리(蒲刈)
쓰와(津和)
세토내해(瀨戶內海)
센스이우라(仙水浦)
무카이시마(向島)
지쿠젠(筑前)
부젠(豊前)
후쿠오카(福岡)
나가사키(長崎)
아이노시마(藍島)
현해탄
빗추(備中)
후쿠야마(福山)
가미노세키(上関)
빈고(備後)
아키(安芸)
스오(周防)
나가토(長門)
고쿠라(小倉)
가모세우라(鴨瀨浦)
이키(壱岐)
가자모토우라(風本浦)
후추(府中)
쓰시마(対馬)
아카마가세키(赤間関)
니시도마리우라(西泊浦)
사스나우라(佐須那浦)
와니우라(鰐浦)
가나우라(金浦)
부산
동래
용당
울산
양산
밀양
영산
창녕
경주
진주
현풍
포항
영천
성산
광주
동해
대구
신녕
전주
의성
안곡
안동
유곡
풍산
문경

조선통신사 일람표

연대			정사	부사	종사관	제술관	서기	역관	사자관	화원
서력	조선 일본	간지								
1607	선조 40 게이초 12	정미	여우길	경 섬	정호관	학 관 양만세		김효무 박대근 한덕남	서사원 변주수	이홍규
1617	광해군 9 겐와 3	정사	오윤겸	박 재	이경직			박대근 최의길 강우성 정순방 한덕남	송효남 엄태인	유성업
1624	인조 2 간에이 원년	갑자	정 립	강홍중	신계영			박대근 이언서 홍희남 강우성	이성국 김신남	이언홍
1636	인조 14 간에이 13	병자	임 통	김세렴	황 호	이문학관 권 식	문홍적 문 필	홍희남 강위빈 강우성 이장생	박지영 능서관 전 영 조정현	김명국 하 담
1643	인조 21 간에이 20	계미	윤순지	조 경	신 유	독축관 박안기		홍희남 이장생	김의신	김명국 이기룡
1655	효종 6 메이레키 원년	을미	조 형	유 창	남용익	경축관 이명빈	배 욱 김자휘 박문원	홍희남 김근행 홍여우	김의신 유응발 곽 심 윤덕용	한시각
1682	숙종 8 덴와 2	임술	윤지완	이언강	박경후	성 완	임 재 이담령	박재흥 변승업 홍우재	이삼석 이화립	함제건

양의	의원	접반승	사명	총인원 (오사카체류) 「교토체류」	사행록	비 고
	박인기 신춘남	게이데쓰 겐소	수호 회답겸쇄환	504 「100」	해사록 (경 섬)	가마쿠라 · 쓰루가만 · 교토 유람
	정종례 문현남		오사카 평정 회답겸쇄환	428 「78」	동사상일록 (오윤겸) 동사일기 (박 재) 부상록 (이경직)	교토 후시미 빙례 피로인 설유관(說諭官) 순회
	정 금 황덕업	기쿠하쿠 겐보	이에미쓰 습직 회답겸쇄환	460 「114」	동사록 (강홍중)	피로인 설유관 순회 조총 구입
	백토립 한언협	교쿠호 고린 (도후쿠지) 도인 겐소 (도후쿠지)	태평축하	478 (불명)	병자일본일기 (임 광) 해사록 (김세렴) 동사록 (황 형)	일본국 대군호 제정 닛코산 유람 강우성 저 「첩해신어 (捷解新語)」 마상재(쓰시마 번저)
		釣天永浩 (겐닌지) 周南円旦 (도후쿠지)	이에쓰나 탄생	477 (불명)	동사록 (조 형) 해사록 (신 유) 계미동사일기 (불상)	닛코산 도쇼구 다이유 인 영묘 치제 마상재
	한형국 최 곤 이계훈	모겐 쇼하쿠 (겐닌지) 九岩中達 (겐닌지)	이에쓰나 습직	485 (100)	부상일기 (조 행) 부상록 (남용익)	닛코산 도쇼구 다이유 인 영묘 치제 마상재 없음
정두준	이수번 주 백	太虛顯靈 (쇼호쿠지) 南宗祖辰 (도후쿠지)	쓰나요시 습직	473 (113)	동사일기 (김지남) 동사록 (홍우재)	마상재 [야요스(八代洲)강기슭]

1711	숙종 37 쇼토쿠 원년	신묘	조태억	임수간	이방언	이 현	홍무연 엄한중 남성중	최상집 이석린 이송년 김시남	이수장 이이방	박동보
1719	숙종 45 교호 4	기해	홍치중	황 선	이명언	신유한	장응두 성몽량 강 백	박재창 한후원	김경석 정세영	함세휘
1748	영조 24 엔쿄 5 (간엔 원년)	술신	홍계희	남태기	조명채	박경행	이봉환 유 후 이명계	박상량 현덕연 홍성귀	김천수 현문귀	이성린 최 북
1764	영조 40 호레키 14 (메이와 원년)	갑신	조 엄	이인배	김상익	남 옥	성대중 원중거 김인겸	최학령 이명윤 현태익	홍성원 이언우	김유성
1811	순조 11 분카 8	신미	김이교	이면구	폐지	이현상	김선신 이명오	현의순 현 식 최 석	피종정	이의양

기두문	현만규 이 위	벳슈 소엔 (쇼코쿠지) 雲壑永集 (겐닌지)	이에노부 습직	500 (129)	동사록 (조태억) 동사록 (임수간 · 이방언) 동사록 (김현문)	아라이 하쿠세키의 개혁 마상재(다야스몬 내) 소사대 위문
권도	백홍전 김광사	月心性湛 (덴류지) 세키소 류쇼 (도후쿠지)	요시무네 습직	475 (129)	해사일록 (홍치중) 해유록 (신유한) 부상기행 (정후교) 부상록 (김 흡)	마상재(다야스몬 내) 궁사예(우에노쿠루마 자카시타) 소사대 위문
조숭수	조덕조 김덕륜	스이간 쇼켄 (덴류지) 교쿠레이 슈에이 (도후쿠지)	이에시게 습직	475 (109)	봉사일본시문견록 (조명채) 수사일록 (홍경해) 사상부 (남태기)	마상재(다야스몬 내) 궁사예(우에노시타데 라정) 소사대 위문 교토 대불전 연회 분쟁
이좌국	남두민 성 호	이소라 쇼탄 (쇼토쿠지)	이에하루 습직	477 (110)	해사일록(조 엄) 계미사행일기 (오대령) 계미수사록 (불상) 일본록 · 사상기 (성대중) 선사만랑집 (성대중) 승사록 · 화국지 (원중거) 일동장유가 (김인겸)	마상재(다야스몬 내) 궁사예(우에노시타데 라정) 최천종 척살 사건 조선인 국역금 면제 소청 소사대 위문
박경욱	김진주	게이간 류호 (도후쿠지)	이에나리 습직	328	신미통신일록 (김이교) 동사록 (유상필) 도유록 (김선신)	쓰시마 부중 빙례 마상재 없음

지은이 **나카오 히로시**(仲尾 宏)

1936년 교토에서 출생으로, 1960년 도시샤(同志社)대학 법학부 정치학과를 졸업했다. 현재 교토조형예술대학 객원교수로 재임하고 있다.
저서로는 『조선통신사의 궤적』, 『조선통신사와 江戸시대의 三都』, 『조선통신사와 德川幕府』, 『조선통신사와 임진왜란』, 『Q&A 재일한국 · 조선인문제의 기초지식』, 『조선통신사를 다시 본다— '쇄국사관'을 넘어서』(이상 明石書店), 『京都의 도래문화』(淡交社), 『조선통신사—강호일본에의 선린사절』(일본방송출판협회), 『일본과의 관계에서 본 아시아—과거 · 현재 · 미래』 제1권 동아시아 1.(岩波書店) 등이 있으며, 공편저로는 『조선일일기를 읽음』(法藏館) 『京都學에의 초대』(角川學藝出版), 『대계 조선통신사』(전 8권, 明石書店), 『조선 의병장 송운 대사와 德川家康』(明石書店) 등이 있다.

옮긴이 **손승철**(孫承喆)

1952년 경기도 광주 출생으로, 1977년 성균관대학교 졸업, 동 대학원에서 문학박사 학위를 취득했다. 일본 도쿄대학 · 홋카이도대학 · 규슈대학 연구교수를 역임했다. 현재 강원대학교 사학과 교수로 재임하고 있다.
저서로 『조선 시대 한일관계사연구』, 『해동제국기의 세계』, 『한일역사의 쟁점』, 『한일교류와 상극의 역사』(경인문화사), 『일본사』(대한교과서), 『독도와 대마도』, 『근세조선의 한일관계연구』(국학자료원), 『近世の朝鮮と日本—交隣關係の虛と實』(明石書店), 『조선통신사—일본과 통하다』(동아시아)가, 역서로 『근세한일관계사』(강원대출판부), 『근세한일관계사연구』, 『한일관계사의 재조명』(이론과 실천), 『동아시아 속의 중세한국과 일본』, 『조선전기 한일관계와 박다 · 대마』(경인문화사)가, 자료집으로 『조선 · 유구관계사료집성』(국사편찬위원회), 『한일관계사료집성』(전 32권, 경인문화사)이 있다.

한림신서 일본학총서 발간에 즈음하여

1995년은 제2차 세계대전이 끝나고 우리나라가 일본 식민지에서 해방된 지 50년이 되는 해이며, 한 · 일간에 국교정상화가 이루어진 지 30년을 헤아리는 해이다. 한 · 일 양국은 이러한 역사를 되돌아보면서 앞으로 크게 변화될 세계사 속에서 동북아시아의 평화와 번영을 추구해야 하리라고 생각한다.

한림대학교 일본학연구소는 이러한 역사의 앞날을 전망하면서 1994년 3월에 출범하였다. 무엇보다도 일본을 바르게 알고 한국과 일본을 비교하면서 학문적 · 문화적 교류를 모색할 생각이다.

본 연구소는 일본학에 관한 자료를 수집하고 제반 과제를 한 · 일간에 공동으로 조사 · 연구하며 그 결과가 실제로 한 · 일 관계 발전에 이바지할 수 있도록 노력하고자 한다. 그러한 사업의 일환으로 여기에 일본에 관한 기본적인 도서를 엄선하여 번역 출판하기로 했다. 아직 우리나라에는 일본에 관한 양서가 충분히 소개되지 못했다고 느껴지기 때문이다.

본 연구소는 조사와 연구, 기타 사업이 한국 전체를 위해야 한다고 생각하며 한 · 일 양국만이 아니라 다른 여러 나라의 연구자나 연구 기관과 유대를 가지고 세계적인 시야에서 일을 추진해 나갈 것이다. 그러므로 누구나 열린 마음으로 본 연구소가 뜻하는 일에 참여해 주기를 바란다.

한림신서 일본학총서가 우리 문화에 기여하고 21세기를 향한 동북아시아의 상호 이해를 더하며 평화와 번영을 증진시키는 데 보탬이 되기를 바란다. 많은 분의 성원을 기대해 마지않는다.

1995년 5월

한림대학교 일본학연구소

한림신서 일본학총서 98

조선통신사

에도 일본의 성신 외교

초판 2쇄 발행 2013년 7월 19일

지 은 이 나카오 히로시
옮 긴 이 손승철

펴 낸 이 한림대학교 일본학연구소
펴 낸 곳 도서출판 소화
등 록 제13-412호
주 소 서울시 영등포구 영등포동 7가 94-97
전 화 02-2677-5890
팩 스 02-2636-6393
홈페이지 www.sowha.com

ISBN 978-89-8410-436-5 94080
ISBN 978-89-8410-105-0 (세트)

값 8,000원